Harald Koppay

Entwicklung und Vermarktung von Handy-Apps
Einstieg in die Welt der mobilen Applikationen

disserta
Verlag

Koppay, Harald: Entwicklung und Vermarktung von Handy-Apps: Einstieg in die Welt der mobilen Applikationen, disserta Verlag, 2012

ISBN: 978-3-95425-052-3
Druck: disserta Verlag, Hamburg, 2012
Covermotiv: © cienpiesnf – Fotolia.com

Bibliografische Information der Deutschen Nationalbibliothek:
Die Deutsche Nationalbibliothek verzeichnet diese Publikation in der Deutschen Nationalbibliografie; detaillierte bibliografische Daten sind im Internet über http://dnb.d-nb.de abrufbar.

Die digitale Ausgabe (eBook-Ausgabe) dieses Titels trägt die ISBN 978-3-95425-053-0 und kann über den Handel oder den Verlag bezogen werden.

© disserta Verlag, ein Imprint der Diplomica Verlag GmbH
http://www.disserta-verlag.de, Hamburg 2012
Hergestellt in Deutschland

Inhaltsverzeichnis

Abbildungsverzeichnis 10

Tabellenverzeichnis 12

1.   Einleitung... 13

    1.1.   Motivation und Zielsetzung.. 13

    1.2.   Vorgehen und Abgrenzung.. 14

2.   Grundlagen 17

    2.1.   Definition des Begriffs „App" 17

    2.2.   Mobile Endgeräte.. 19

    2.3.   Mobile Betriebssysteme.. 21

        2.3.1.   Google Android... 23

        2.3.2.   Apple iOS 24

        2.3.3.   Microsoft Windows Phone 26

        2.3.4.   Nokia Symbian 27

        2.3.5.   Research In Motion Blackberry OS 27

    2.4.   Mobile Applikationen.. 28

        2.4.1.   Geschichte und Akzeptanz der mobilen Applikationen 29

        2.4.2.   Abgrenzung zu Desktop-Anwendungen 31

        2.4.3.   Abgrenzung zu mobilen Web-Applikationen................. 33

        2.4.4.   Kategorien und Beispiele innovativer Apps.................... 35

3.   Entwicklung 42

    3.1.   Android.. 42

        3.1.1.   System-Architektur... 42

        3.1.2.   Laufzeitverhalten 45

        3.1.2.1.   Lebenszyklus einer Android Anwendung 45

        3.1.2.2.   Dalvik Virtual Machine und Multitasking 47

        3.1.2.3.   Sandbox und Datenaustausch 49

        3.1.3.   Entwicklungsumgebung und -Werkzeuge...................... 51

3.1.3.1.   Werkzeuge für das GUI-Design..52

3.1.3.2.   Debugger und Emulator 54

3.1.4.   Aufbau eines Android-Projekts..57

3.1.5.   Basiskonzepte der Android-Entwicklung...62

3.1.5.1.   Activities 63

3.1.5.1.1.   Zustandssicherung 65

3.1.5.1.2.   Menüs...66

3.1.5.1.2.1.   Optionen-Menü 67

3.1.5.1.2.2.   Kontext-Menü..68

3.1.5.1.3.   Spezielle Activities 68

3.1.5.1.3.1.   ListActivity..68

3.1.5.1.3.2.   PreferenceActivity 70

3.1.5.1.4.   Exkurs: Benachrichtigungen 71

3.1.5.1.4.1.   Toasts...71

3.1.5.1.4.2.   AlertDialogs 72

3.1.5.2.   Intents..74

3.1.5.2.1.   Explizite Intents 74

3.1.5.2.2.   Implizite Intents und Intent-Filter 75

3.1.5.2.3.   Broadcast Receiver 78

3.1.5.2.4.   Broadcast Intents..78

3.1.5.2.5.   Statischer Broadcast Receiver 79

3.1.5.2.6.   Dynamischer Broadcast Receiver 80

3.1.5.3.   Service..80

3.1.5.3.1.   Lebenszyklus 82

3.1.5.3.2.   Services, Prozesse und Threads 84

3.1.5.3.3.   Interaktion mit Services 85

3.1.5.3.3.1.   Local Service 85

3.1.5.3.3.2.   Remote Service 86

3.1.5.4.   Content Provider 89

3.1.5.4.1.   Content Resolver 90

3.1.5.4.2.   Adapter und AdapterViews 91

3.1.5.4.3.   Content Provider und Datenhaltung 93

3.1.5.4.3.1.   SQLite Datenbank 93

3.1.5.4.3.2.   Implementierung des Content Providers 94

3.1.5.5.   Android Manifest 96

3.1.6.   Weitere Konzepte der Android Entwicklung 98

3.1.6.1.   Location Based Services 98

3.1.6.2.   Zugriff auf Hardware-Komponenten 99

3.1.6.3.   Grafik 100

3.1.7.   Socket-Programmierung in Android 100

3.1.8.   Programmstruktur der Android Beispiel-Anwendung 101

3.2.   iOS 102

3.2.1.   System-Architektur 102

3.2.2.   Laufzeitverhalten 104

3.2.2.1.   Lebenszyklus einer iOS Anwendung 104

3.2.2.2.   Sandbox und Datenaustausch 106

3.2.2.3.   Multitasking und Interapplikations-Kommunikation 107

3.2.2.4.   Memory Management 109

3.2.3.   Entwicklungsumgebung und -Werkzeuge 110

3.2.3.1.   Werkzeuge für das GUI-Design 112

3.2.3.2.   Debugger und Simulator 115

3.2.4.   Aufbau eines iOS-Projekts 116

3.2.5.   Basiskonzepte der iOS-Entwicklung 119

3.2.5.1.   Delegation 119

3.2.5.2.   Target Action 121

3.2.5.3.   Model View Controller 122

3.2.6.   Socket-Programmierung in iOS 124

3.2.7.   Programmstruktur der iOS Beispiel-Anwendung 127

3.3.   Windows Phone 128

3.3.1.   Windows Phone und Windows Mobile 128

3.3.2.   System-Architektur 129

3.3.3.   Laufzeitverhalten 132

3.3.3.1.   Lebenszyklus einer Windows Phone Anwendung 132

3.3.3.2.   Sandbox und Datenaustausch 133

3.3.3.3.   Multitasking 135

3.3.4.   Entwicklungsumgebung und -Werkzeuge 135

3.3.4.1.   Werkzeuge für das GUI-Design 137

3.3.4.2.   Debugger und Emulator 141

3.3.5.   Aufbau eines Windows Phone Projekts 143

3.3.6.   Basiskonzepte der Windows Phone Entwicklung 145

3.3.6.1.   Datenbindung 145

3.3.6.1.1.   Datenbindung zwischen GUI-Elementen 145

3.3.6.1.2.   Datenbindung zwischen GUI-Element und Datenmodell 145

3.3.6.2.   Model-View-ViewModel-Entwurfsmuster 146

3.3.7.   Socket-Programmierung in Windows Phone 148

3.3.8.   Programmstruktur der Windows Phone Beispiel-Anwendung 150

4.   Vertrieb und Vermarktung 151

4.1.   Der Markt der mobilen Applikationen 151

4.2.   Monetarisierung 155

4.2.1.   Geschäftsmodelle für mobile Applikationen 155

4.2.1.1.   Pay-per-download 156

4.2.1.2.   In-App Werbung 158

4.2.1.3.   Premium Versionen und In-App Käufe 160

4.2.1.4.   Abonnements 161

4.2.2.   Umsatzerwartung 161

4.2.3.   Lukrative App-Entwicklungsfelder 165

4.3.   Vertriebsmöglichkeiten 167

4.3.1.   Google Android Market 167

4.3.1.1.   Spezifikationen 167

4.3.1.2.   Veröffentlichung 169

4.3.2.   Apple App Store 169

4.3.2.1.   Spezifikationen 169

4.3.2.2.   Veröffentlichung 171

4.3.3.   Microsoft Windows Phone Marketplace 173

4.3.3.1.   Spezifikationen 173

4.3.3.2.   Veröffentlichung 174

5.   Abschlussbetrachtung **175**

   5.1.   Zusammenfassung und Vergleich **175**

      5.1.1.   Allgemeine Kriterien und Merkmale 179

      5.1.2.   Entwicklungs-Umgebung und Werkzeuge 182

      5.1.3.   Entwicklungskonzepte 183

      5.1.4.   Wirtschaftliche Kriterien und Merkmale 185

   5.2.   Fazit und Ausblick **187**

Literaturverzeichnis **191**

Abbildungsverzeichnis

Abb. 1: Betriebssysteme Marktanteile Q1/Q2, 2011 22

Abb. 2: Links Facebook-App, Rechts Facebook Web-App 33

Abb. 3: Architektur von Android 43

Abb. 4: Lebenszyklus einer Activity 46

Abb. 5: Kompilieren für JVM und DVM 48

Abb. 6: Integrierter Oberflächen-Editor für Eclipse 53

Abb. 7: Android Emulator-Konfiguration und -Oberfläche 55

Abb. 8: DDMS-Perspektive in Eclipse 56

Abb. 9: Anlegen eines Android-Projektes 58

Abb. 10: Cross-Compiling und Deployment 62

Abb. 11: Einbindung des Layouts in die Main-Activity 63

Abb. 12: Laden einer Menü-Struktur mit dem MenuInflater 67

Abb. 13: ListActivity mit ListView 69

Abb. 14: XML-Definition der PreferenceActivity-Elemente 71

Abb. 15: Toast-Benachrichtigung 72

Abb. 16: AlertDialog mit LayoutInflater 73

Abb. 17: Aufruf der IntentsDemo-Activity 75

Abb. 18: Auswahl-Dialog für passende Intent-Filter 76

Abb. 19: Service Lebenszyklus 83

Abb. 20: Application Not Responding Event 84

Abb. 21: Lokaler Service mit Direktzugriff 86

Abb. 22: Remote Service mit Messenger 89

Abb. 23: ListActivity und ContentProvider 92

Abb. 24: Berechtigungen der Demo-App 97

Abb. 25: Strukturplan der Android Demo-App 102

Abb. 26: Architektur von iOS.. 103

Abb. 27: iOS App-Lebenszyklus, Teil *Launching-State* 105

Abb. 28: iOS App-Lebenszyklus, Teil *Background-State*.. 105

Abb. 29: iOS App-Lebenszyklus, Teil *Relaunch-State* 106

Abb. 30: Xcode-Oberfläche mit Core Data Modellierung 110

Abb. 31: Interface Builder mit Window und Screens der Demo-App 113

Abb. 32: Verbindung von GUI-Element und Controller mit Interface Builder 114

Abb. 33: iPhone-Simulator und Konsole 115

Abb. 34: Projekttypen in Xcode 117

Abb. 35: MVC Entwurfsmuster 122

Abb. 36: Ein Screen der Navigation-based Einstellungen-App 124

Abb. 37: Interaktion von iOS und Android App.. 125

Abb. 38: Strukturplan der iOS Demo-App... 128

Abb. 39: Windows Phone Architektur... 130

Abb. 40: Lebenszyklus einer Windows Phone Anwendung 133

Abb. 41: Visual Studio 2010 Express for Windows Phone 136

Abb. 42: Aufnahme von Zuständen in Expression Blend 138

Abb. 43: Hinzufügen von Verhalten in Expression Blend.. 139

Abb. 44: Daten-/Element-Bindung in Expression Blend 140

Abb. 45: Beispieldaten in Expression Blend 141

Abb. 46: Windows Phone Emulator und Tools 142

Abb. 47. Interaktion von Windows Phone und Android App... 148

Abb. 48: Programmstruktur der Windows Phone Demo-App 150

Abb. 49: Wachstum des App-Marktes 151

Abb. 50: *application user base* 153

Abb. 51: Top 5 Geschäftsmodelle 156

Abb. 52: Zahlungsbereitschaft für Apps 157

Abb. 53: Umsatzerwartung und Zufriedenheit 162

Abb. 54: Einnahmen je Plattform im Vergleich.. 163

Abb. 55: Umsatz durch In-App Verkäufe.. 164

Tabellenverzeichnis

Tab. 1: Smart Devices 21

Tab. 2: Web-Apps und Apps im Vergleich... 34

Tab. 3: Beispiel für innovative Apps 41

Tab. 4: Android Projekt Struktur 60

Tab. 5: System Broadcast Intents 79

Tab. 6: Ergebnis einer ContentProvider-Abfrage 89

Tab. 7: iOS Projekt Struktur... 118

Tab. 8: Windows Phone Projekt Struktur.. 144

Tab. 9: Kennzahlen des App-Marktes 155

Tab. 10: Google Android Market.. 168

Tab. 11: Aplle App Store... 171

Tab. 12: Windows Phone Marketplace 173

Tab. 13: Vergleich der Plattformen 178

Plattformen werden, zum Zwecke der praxisnahen Veranschaulichung, von jeweils einer Demonstrations-Anwendung begleitet, die sich aus den jeweiligen App-Märkten beziehen lassen.[1] Auch hier wird die Android-Anwendung den größten Umfang aufweisen. Die Anwendung ist in Form eines Tutorials aufgebaut, welches analog zur Vorgehensweise in diesem Buch, eine schrittweise Vorstellung der fundamentalen Entwicklungskonzepte vorsieht. Darüber hinaus fungiert sie als TCP Server für die Entgegennahme von Steuerungsbefehlen an einen Musikwiedergabe-Service. Die entsprechenden Clients werden von den Windows Phone und iOS-Anwendungen repräsentiert.

Die Untersuchung des aktuellen App-Marktes und seiner zukünftigen Entwicklung folgt im Anschluss an das Kapitel der Entwicklung. Hier werden insbesondere auch die Möglichkeiten und Monetarisierungspotentiale aufgezeigt, welche die offiziellen App-Vertriebskanäle für den Entwickler bereithalten.

Den Abschluss dieser Untersuchung bildet ein zusammenfassender Vergleich aller technischen und wirtschaftlichen Aspekte der vorgestellten Plattformen. Dieses Kapitel kann einem unschlüssigen Entwickler durchaus als Entscheidungshilfe dienen.

Da sowohl der Markt als auch die Entwicklungs-Plattformen der Apps einer hohen Dynamik unterworfen sind, soll im Folgenden eine Abgrenzung in Bezug auf die verwendete Technik vorgenommen werden.

- Google Android: Es wurde auf Grundlage der Version 2.2 des Betriebssystems gearbeitet. Für die Entwicklung kam ein HTC Desire HD zum Einsatz. Die aktuelle Version 2.3 sowie die Tablet-Versionen 3.x wurden nicht berücksichtigt.
- Apple iOS: Es wurde auf Grundlage der Betriebssystem Version 4.3 gearbeitet. Für die Entwicklung kam ein iPod Touch der vierten Generation zum Einsatz. Die iOS 5 beta Version sowie die jüngst erschienene, vollständig überarbeitete Version 4 der Entwicklungswerkzeuge wurden nicht berücksichtigt.
- Microsoft Windows Phone: Grundlage der schriftlichen Ausarbeitung war die Version 7.0 des Betriebssystems. Auf Grund der massiven Einschränkungen dieser Version, insbesondere in Hinblick auf die Socket-Programmierung, wurde für die Entwicklung der Beispiel-Anwendung, die Beta-Version des SDKs für das kommende

---

[1] Die Android Demo-App bspw. im Android App Markt: „Hallo Android! FHW Demo App"

Windows Phone 7.1 Update, verwendet. Dementsprechend wird auch in dieser Untersuchung stellenweise auf die 7.1 Version vorgegriffen. Für die Entwicklung kam ein LG E900 Optimus 7 mit nachträglich aufgespielter Windows Phone 7.1beta Version zum Einsatz.

2. Grundlagen

2.1. Definition des Begriffs „App"

Der Begriff „App" ist die Kurzform für das englische Wort *Application* bzw. *Application Software* - zu deutsch also Applikations- oder Anwendungs-Software. Er beschreibt somit grundsätzlich jede Art von Anwendungsprogramm, ganz unabhängig davon, ob dieses nun auf einem Desktop-Computer, einem mobilen Endgerät oder auf einem anders gearteten IT-gestützten System läuft. Diese Abkürzung findet im EDV-Umfeld bereits seit Jahrzehnten Verwendung. Der Firma Apple ist es wohl zu verdanken, dass seit der Einführung des firmeneigenen *App Stores* im Juli 2008, zum Zwecke des Vertriebes von kleinen Zusatzanwendungen für das iPhone und den iPod Touch - den sogenannten *Apps* - die synonyme Verwendung des Begriffs „*App(s)*" für Anwendungen, welche für den Einsatz auf einem mobilen Endgerät konzipiert worden sind, mehr und mehr an Popularität gewinnt. Dementsprechend fallen heutzutage auch die Versuche einer Definition des Begriffs „*App*" aus:

> „*Substantiv, feminin oder Substantiv, Neutrum oder Substantiv, maskulin - zusätzliche Applikation, die auf bestimmte Mobiltelefone heruntergeladen werden kann*"[1]

> „*EDV, umgangssprachlich: Anwendung (meist kleines Programm für ein modernes Mobiltelefon)*"[2]

> „*The term has been used as shorthand for "application" in the IT community for decades. However, it became newly popular for mobile applications in smartphones and tablets...*"[3]

Programme, welche auf einem Mobiltelefon oder anderen mobilen Endgeräten laufen, können Ableger herkömmlicher Desktop-Programme sein, die für die mobile Nutzung lediglich recodiert und redesigned wurden, wie zum Beispiel E-Mail-Clients, Internet-Browser oder Office-Applikationen. Diese Programme unterscheiden sich von ihren Desktop-Pendanten in erster Linie dadurch, dass ihr Funktionsumfang und die grafische Benutzeroberfläche stärker eingeschränkt sind, also vergleichsweise „schlanker" daherkommen. Interessanter sind jedoch zweifelsohne diejenigen Programme, welche ausschließlich auf mobilen Endgeräten sinnvoll eingesetzt werden können, da diese die

---

[1] o.V.: Duden online: App, 2011
[2] o.V.: Wiktionary: App, 2011
[3] o.V.: PCMag: App, 2011

17

spezifischen Hardware-Komponenten und/oder die Mobilität der Hardware voraussetzen, wie zum Beispiel Navigationssoftware, Ortsabhängige Dienste oder ein Barcode-/QR-Code-Scanner. Von der Menge der Apps hingegen abzugrenzen sind diejenigen Programme, welche für die softwaretechnische Umsetzung essentieller Systemfunktionen, wie das Telefonieren oder das Empfangen und Versenden von SMS verantwortlich sind und bereits werkseitig in das Betriebssystem des jeweiligen mobilen Gerätes eingebettet werden.[1]

An dieser Stelle soll ebenso eine kurze Abgrenzung von Apps gegen ihre größten Konkurrenten auf dem Markt der mobilen Anwendungen, den mobilen Web-Apps erfolgen. Web-Apps können den gewöhnlichen Apps sowohl optisch, als auch technisch bis ins kleinste Detail gleichen, weshalb hier für den Nutzer durchaus ein Verwechslungsrisiko entstehen kann. Im Gegensatz zu den gewöhnlichen Apps haben Web-Apps jedoch den nicht unerheblichen Vorteil der Plattform-Unabhängigkeit inne, da sie lediglich einen entsprechenden Browser, den nahezu alle mobilen Plattformen ab Werk mitliefern, für die Lauffähigkeit voraussetzen. In diesem Zusammenhang spricht man bei den Plattform-abhängigen Apps auch von den sogenannten *nativen* Apps.[2] Native Apps sind an ihre jeweilige mobile Plattform angepasst und können nur mit Aufwand auf eine andere Plattform portiert werden. Gegenüber Web-Apps laufen sie jedoch sehr viel performanter und können alle Plattform-spezifischen Features ausnutzen.

Der Begriff *„App"*, wie er im heutigen Sprachgebrauch verwendet wird, beschreibt also ein „schlankes", zusätzliches Programm, welches dem Benutzer, über die Basis-/System-Funktionen des mobilen Endgerätes hinaus, einen Mehrwert liefert. Dabei ist es unerheblich, ob dieses Programm bereits im Auslieferungszustand vorinstalliert ist, wie es etwa bei Apps von Netzbetreibern, Geräteherstellern oder Plattformanbietern der Fall sein kann[3], oder ob es erst über bestimmte Distributionskanäle bezogen werden muss, beispielsweise per Download aus einem App-Shop. Apps sind im Gegenteil zu ihren Konkurrenten, den mobilen Web-Apps, in der Regel Plattform-abhängig, also native Software.

---

[1] Also die Systemprogramme.
[2] Lat. Nativus: "angeboren, natürlich".
[3] Beispiel für Netzbetreiber: MeinVodafone App, Gerätehersteller: HTC Hub App, Plattformanbieter: Google Maps App.

2.2. Mobile Endgeräte

Die Hardware-Systeme, auf welchen die mobilen Apps ausgeführt werden, sind in der Regel mobile Endgeräte, wie etwa Mobilfunktelefone, Tablet-Computer (z.B. iPad) oder portable MP3-Player (z.B. iPod touch). Aus den verschiedenen Kategorien der mobilen Endgeräte, muss insbesondere die Gruppe der sogenannten *Smartphones* hervorgehoben werden, da diese, wie sonst keine andere Gerätegruppe, ein Initiator und Treiber des aktuellen und anhaltenden App-Booms ist. Unter dem Begriff *„Smartphone"* werden im weitesten Sinne alle modernen Mobilfunktelefone mit erweiterter technischer Ausstattung, wie zum Beispiel einer Kamera, einem GPS-Modul, diversen Sensoren sowie Computer-ähnlichem Funktionsumfang eingeordnet. Eine allgemein anerkannte und einheitliche Definition des Begriffs *„Smartphone"* sowie eine eindeutige und überschneidungsfreie Abgrenzung des Smartphones zu den Vorläufer-Modellen, welche im englischen Sprachgebrauch auch unter dem Begriff *„Feature Phones"*[1] zusammengefasst wurden, existiert jedoch bis heute nicht. Der Versuch einer Definition von Morgan Stanley im Rahmen einer Studie vom Dezember 2009 lautete folgendermaßen:

„We define a smartphone as a mobile device that in addition to performing basic phone functions (voice calls / SMS / contact database...):
- runs on an operating system
- has Internet / email access;
- provides a standardized interface and platform for application developers
- supports advanced digital functions like music, video, gaming, pictures, browsing, and messaging (some support navigation + mobile TV)."[2]

Das Problem der Abgrenzung von Smartphones zu der Vorgänger-Generation dieses Gerätetyps, den Feature Phones, beschreibt Chetan Sharma in einer von *GetJar* in Auftrag gegebenen Studie treffend mit:

„While no one will confuse the current version of Apple's iPhone or Google's Nexus One to be featurephone or conversely a Motorola Razr or Nokia 2720 to be a smartphone, it is the middle category that is becoming more difficult to separate out. Consider devices like the Samsung Instinct which is a 3G device with capabilities for video, applications, emails, and with up to 8 GB, it can't be confused for a featurephone, yet, since it is a Java phone, some might categorize it as a featurephone based on the platform."[3]

Festzuhalten ist also, dass die Grenze zur Unterscheidung von Smartphones zu den

---

[1] Siehe o.V.: Oxford Dictionaries: feature phone, 2011
[2] Meeker, Mary u.a.: The Mobile Internet Report, Morgan Stanley, 2009, S.110
[3] Sharma, Chetan: Sizing up the global apps market, 2010, S.7

Mobiltelefonen mit vergleichsweise rudimentärerer Technik, fließend ist. Einhergehend mit dem technologischen Fortschritt und dem immer größer werdenden Funktionsumfang aktuellerer Geräte, werden zusehends auch Evolutions-Abstufungen innerhalb der Gruppe der Smartphones erkennbar. Marketingtechnisch wird dieser Umstand von den Herstellern oft dazu genutzt, die jeweils aktuellste Generation der Mobiltelefone als der Kategorie „Superphones" zugehörig zu propagieren, um sie so von der Gruppe der Smartphones abzuheben.

Smartphones können auch als Ergebnis der Symbiose aus Mobilfunktelefonen und PDAs gesehen werden. Dabei ist die Verschmelzung der Funktionalitäten beider Gerätetypen auf dem Smartphone nahezu vollständig gegeben, so dass eine Einzelanschaffung für den Anwender theoretisch obsolet wird.

Neben den, aus der Morgan Stanley Studie bereits zitierten, typischen funktionellen Merkmalen eines Smartphones, sieht die übliche technische Ausstattung eines Smartphones zum Zeitpunkt dieser Untersuchung folgendermaßen aus:[1]

- Vergleichsweise große, hochauflösende Touch-Displays mit hoher Pixeldichte
- Virtuelle alphanumerische Tastaturen (HW-Tastaturen sind rückläufig)
- Prozessoren im Taktbereich um 1GHz und höher
- Interne Speicher mit Kapazitäten bis zu mehreren Gigabyte (z.T. extern erweiterbar)
- WLAN-, Bluetooth-, Infrarot-, USB-Schnittstellen
- Häufig eine Digitalkamera für Foto- und Video-Aufnahmen
- Sensoren, wie Beschleunigungs-, Lage-, Magnetfeld-, Licht- und Näherungssensoren
- Häufig einen GPS-Empfänger

Eine weitere Gruppe der mobilen Endgeräte, welche in jüngster Zeit hohe Aufmerksamkeit erlangt hat, ist die Gruppe der *Tablet*-Computer. Prominente Vertreter dieses Gerätetyps sind Apple's *iPad* oder das *Galaxy Tab* von Samsung. Tablet-Computer sind technisch gesehen sozusagen die „großen Brüder" der Smartphones, ausgestattet mit einem größeren Display und leistungsfähigerer Hardware, teilweise aber ohne Telefonie-Funktionen.[2] Sie eignen sich, im Vergleich zu den Smartphones, besser für Display-lastige

---

[1] Stand: Mai 2011
[2] Anm.: Das Galaxy Tab bspw. hat Telefonie-Funktionen, Apples iPad und das Motorola Xoom hingegen nicht.

Anwendungen, wie etwa im Multimedia- oder Office-Bereich. Auf Grund der vielen Gemeinsamkeiten von Tablet-Computern und Smartphones, aber insbesondere auf Grund der Tatsache, dass auf vielen Tablet-Computern dieselben mobilen Betriebssysteme wie auf den Smartphones laufen[1], soll im Rahmen dieser Studie zwischen diesen beiden Gerätetypen keine differenziertere Betrachtung erfolgen. Häufig wird für App-fähige Gerätetypen, also Tablets, Smartphones oder andere Geräte, wie der iPod Touch, synonym der Begriff *„Smart Devices"* verwendet.

Smartphone	Tablet Computer	MP3-Player
HTC Desire HD	Apple iPad	Apple iPod Touch
(Android OS)	(iOS)	(iOS)

Tab. 1: Smart Devices; eigene Darstellung

2.3. Mobile Betriebssysteme

Neben der zugrundeliegenden Hardware des jeweiligen Tablet-Computers oder Smartphones, ist das mobile Betriebssystem die zweite essentielle Komponente der App-fähigen Plattform. Das mobile Betriebssystem verwaltet alle Hardware-Komponenten und Systemfunktionen des mobilen Endgerätes und stellt entsprechende Schnittstellen sowohl für Benutzer als auch für Programmierer zur Verfügung. Das mobile Betriebssystem unterscheidet sich von Desktop-Betriebssystemen primär in der Hardware, die es zu verwalten hat. Darüberhinaus grenzt es sich vor allem auch in den Anforderungen an die Performanz im laufenden Betrieb ab. Mobile Betriebssysteme müssen sehr viel effizienter

---

[1] Galaxy Tab: Android, iPad: iOS

und sparsamer im Umgang mit den knapperen System-Ressourcen sein, da jeder Overhead entweder mit höheren Materialkosten – zum Beispiel auf Grund der Notwendigkeit zusätzlichen Speichers oder eines schnelleren Prozessors – oder größerem Stromverbrauch bezahlt wird. Diese Aspekte sind ebenso bei der Programmierung von Apps wichtig und zu berücksichtigen, da es auch zu den Aufgaben des mobilen Betriebssystems gehört, nicht-performanten Programmcode zu unterbrechen, beziehungsweise komplette Anwendungsprozesse bei Ressourcen-Knappheit zu beenden.

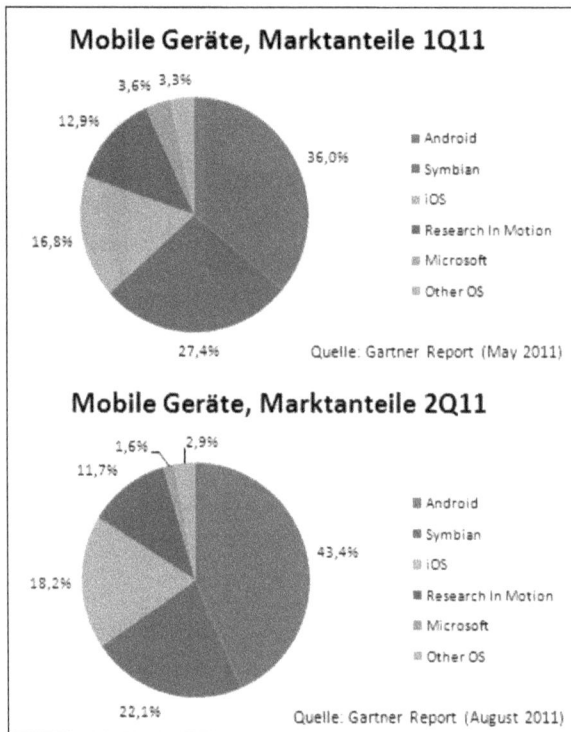

Mobile Geräte, Marktanteile 1Q11

3,6% 3,3%
12,9%
36,0%
16,8%
27,4%

- Android
- Symbian
- iOS
- Research In Motion
- Microsoft
- Other OS

Quelle: Gartner Report (May 2011)

Mobile Geräte, Marktanteile 2Q11

1,6% 2,9%
11,7%
43,4%
18,2%
22,1%

- Android
- Symbian
- iOS
- Research In Motion
- Microsoft
- Other OS

Quelle: Gartner Report (August 2011)

Abb. 1: Betriebssysteme Marktanteile Q1/Q2, 2011; eigene Darstellung

Im Folgenden sollen zunächst die wichtigsten mobilen Betriebssysteme im Bereich der Smart Devices, kurz und mit Fokus auf ihre historische Entwicklung, vorgestellt werden. Dabei soll sich hier die „Wichtigkeit" eines Betriebssystems anhand seines aktuellen weltweiten Marktanteils bemessen werden, welcher in Abb.1 illustriert ist.

2.3.1. Google Android

Mit weltweit über 36 Millionen verkauften Android-Geräten im ersten Quartal 2011[1] und weiteren 46 Millionen Geräten im zweiten Quartal[2], was einem Marktanteil von 43,4 Prozent entspricht, ist Googles Android das sich aktuell am Besten verkaufende mobile Betriebssystem des Marktes. Laut einer Prognose des Marktforschungsinstitutes Gartner Inc. soll der Martkanteil von knapp 50 Prozent bis in das Jahr 2015 gehalten werden können.[3]

Androids Erfolgsgeschichte begann mit der Gründung des gleichnamigen Unternehmens durch Andrew Rubin im Oktober 2003. Ziel des Unternehmens war es, Software für Mobilfunktelefone zu entwickeln und dabei den Fokus auf standortbezogene Dienste zu legen.[4] Im August 2005 wurde Android Inc. dann von Google übernommen. Ab diesem Zeitpunkt wurde klar, dass Google schon bald in den Markt der Mobilfunktelefonie einsteigen würde. Mit der Gründung der *Open Handset Alliance* im November 2007, einem von Google geführtem Konsortium bestehend aus diversen Software-Firmen, Netzbetreibern, sowie Geräte- und Hardware-Herstellern, wurden die Pläne für Googles Markteinstieg konkreter. Vorrangiges Ziel der *OHA* war die Entwicklung offener Standards für mobile Endgeräte. Das Hauptprodukt des Konsortiums wurde ein auf Linux basierendes Open-Source-Betriebssystem, welches flexibel und durch leichte Upgrade-Fähigkeit, für verschiedenste mobile Endgeräte einsetzbar sein sollte. Getauft wurde dieses Betriebssystem auf den Namen Android. Die erste Version von Android, wurde am 21. Oktober 2008 unter der Apache-Lizenz offiziell zur Verfügung gestellt. Das erste Gerät mit dem Android-Betriebssystem, das *HTC Dream*[5], kam einen Tag später auf den Markt. Seitdem gab es bereits 13 Updates für Android. Zahlreiche Smartphone-Modelle unterschiedlicher Hersteller wurden mit Android ausgestattet. Aber auch Fahrradcomputer, automobile Boardsysteme, Netbooks oder Fernseher wurden mit Android als Betriebssystem bestückt. Die aktuellste Version ist die im Juli 2011 veröffentlichte Version 2.3.5 mit dem Namen *Gingerbread*. Die angepassten Versionen für Tablet Computer

---

[1] Vgl. Pettey, Christy: Gartner Market Share Analysis: Mobile Devices, Worldwide, 1Q11, 2011
[2] Vgl. Pettey, Christy: Gartner Market Share: Mobile Communication Devices by Region and Country, 2Q11, 2011
[3] Vgl. Pettey, Christy: Gartner Forecast: Mobile Communications Devices by Open Operating System, Worldwide, 2008-2015, 2011
[4] Vgl. Rubin, Andrew in Elgin, Ben: Google Buys Android for Its Mobile Arsenal, 2005
[5] In Deutschland als „T-Mobile G1" vertrieben

besitzen die Versions-Nummern 3.x, wovon Version 3.2 mit dem Namen *Honeycomb* die aktuellste ist. Im Oktober 2011 werden diese beiden Entwicklungslinien in der Version 4.0 zusammengeführt.

Technisch gesehen basiert Android auf dem Linux-Kernel 2.6, welcher für Android 1.0 jedoch stark modifiziert wurde. In der Regel werden Apps für Android in der Sprache Java geschrieben. jedoch gibt es die Möglichkeit für geschwindigkeitskritische Komponenten, nativen Code in C/C++ zu verfassen. Viele Bibliotheken von Android, wie zum Beispiel die OpenGL Grafikbibliothek, der auf WebKit basierende Browser oder die SQLite-Datenbank, liegen in C/C++ vor.

2.3.2. Apple iOS

Mit weltweit knapp 17 Millionen verkauften iOS-Geräten im ersten Quartal 2011[1] und über 19 Millionen iOS-Geräten im zweiten Quartal[2], was einem Marktanteil von 18,2 Prozent entspricht, rangiert Apples Betriebssystem iOS noch auf Platz drei hinter Google Android und Nokia Symbian. Auf Grund des anstehenden Umstiegs von Nokia auf das Betriebssystem Windows Phone von Microsoft[3] bahnt sich in naher Zukunft jedoch ein Ende der Ära Symbian an. Gartner rechnet damit, dass iOS spätestens 2012 den zweiten Platz im Verkaufszahlen-Ranking von Symbian erben wird.[4]

Auf Grund der strikten Geheimhaltungspolitik im Hause Apple ist nur sehr wenig über den Entwicklungsprozess von iOS bekannt. Sicher ist, dass die Entwicklungsarbeiten an der ersten Version des Betriebssystems und des ersten iPhones etwa im November 2005 begannen, nachdem Apple und der US-Netzprovider AT&T sich auf eine exklusive Zusammenarbeit einigen konnten. Am 9. Januar 2007 dann stellte Steve Jobs auf der *Macworld* das Ergebnis dieser Zusammenarbeit erstmalig vor: das iPhone und die erste noch namenlose Version des iOS-Betriebssystems. Der Verkaufsstart folgte im Juni desselben Jahres und war ungeachtet der Tatsache, dass das Produkt sehr teuer war, nur in AT&Ts Edge-Netz lief und essentielle Technologien, wie Java und Flash nicht unterstützte,

---

[1] Vgl. Pettey, Christy: Gartner Market Share Analysis: Mobile Devices, Worldwide, 1Q11, 2011

[2] Vgl. Pettey, Christy: Gartner Market Share: Mobile Communication Devices by Region and Country, 2Q11, 2011

[3] Vgl. o.V.: Nokia and Microsoft Announce Plans for a Broad Strategic Partnership to Build a New Global Mobile Ecosystem, 2011

[4] Vgl. Pettey, Christy: Gartner Forecast: Mobile Communications Devices by Open Operating System, Worldwide, 2008-2015, 2011

ein durchschlagender Erfolg. Mit dem iPhone revolutionierte Apple den Smartphone-Markt und setzte einen de facto Standard an welchem sich die Konkurrenten zukünftig messen lassen mussten.

iOS ist ein für den mobilen Einsatz auf dem iPhone optimiertes Derivat des Betriebssystems Mac OS X, welches wiederum von UNIX abstammt. Anders als beispielsweise das Android Betriebssystem von Google, ist iOS nicht quelloffen sondern ein proprietäres, geschlossenes System. Apples restriktive Produktpolitik war auch ein Grund dafür, dass es in der ursprünglichen Version von iOS nicht vorgesehen war, außenstehenden Entwicklern die Möglichkeit einzuräumen, eigene Apps für das iPhone zu entwickeln. Erst im März 2008 wurde ein entsprechendes SDK in einer Beta-Version veröffentlicht und das Betriebssystem bekam darüberhinaus erstmals einen offiziellen Namen: *iPhone OS*.

Programmiert werden Apps für iOS bzw. iPhone OS in der Sprache Objective-C, einem objektorientierten Ableger der Sprache C, welche von NeXT, einer von Steve Jobs gegründeten und später von Apple übernommenen Firma, im Jahre 1988 entwickelt wurde. Um das fertig entwickelte App auf einem physischen Gerät testen beziehungsweise auf den Verbrauchermarkt bringen zu können, wurde damals wie heute eine kostenpflichtige Entwickler-Lizenz benötigt. Außerdem durfte der iOS-Entwickler sein fertiges Produkt ausschließlich in Apples App Store veröffentlichen, welcher im Juli 2008 seine Türen öffnete. Trotz dieser Umstände verhalfen zahlreiche „*3rd party*"-Entwickler, Apple zu einem nicht unerheblichen Erfolg des App Stores. Bis zum Ende des Jahres 2008 konnte Apple bereits über 500 Millionen Downloads bei 15.000 verfügbaren Apps im App Store verbuchen.[1] Das innovative Geschäftsmodell des App Stores sowie die Revolutionierung des Smartphone-Marktes mit der Einführung des iPhones waren somit zweifelsohne die Haupt-Initiatoren des noch heute anhaltenden App-Booms.

Seit der Ersteinführung des Betriebssystems von Apple gab es mehrere Updates, darunter drei weitere *major releases*. Aktuell befindet sich iOS in der Version 4.3. Im Juni 2010 wurde der Name von *iPhone OS* in *iOS* geändert, da das Betriebssystem nunmehr nicht nur auf dem iPhone, sondern auch auf dem iPod Touch, dem iPad und AppleTV eingesetzt wurde. Ein Einsatz auf weiteren Geräten ist nicht vorgesehen.

---

[1] Myselewski, Rik: iPhone App Store breezes past 500 million downloads, 2009

2.3.3. Microsoft Windows Phone

Das jüngste hier untersuchte mobile Betriebssystem ist Microsofts Windows Phone, wenngleich es auf Grund seines Vorgängers *Windows Mobile* eine längere Vorgeschichte vorweisen kann. Der Marktanteil von Windows Phone ist zurzeit noch verschwindend gering. Jedoch muss berücksichtigt werden, dass Windows Phone Geräte erst seit Oktober 2010 erhältlich sind. Nicht zuletzt auf Grund der Ankündigung Nokias, ihr primäres Betriebssystem Symbian durch Windows Phone ersetzen zu wollen, verfügt das Microsoft-Produkt über enormes Wachstumspotential. Demzufolge sieht das Marktforschungsinstitut Gartner die Marktpositionierung von Windows Smartphones im Jahre 2015, mit prognostizierten 19,5 Prozent Marktanteil, an zweiter Stelle hinter Marktführer Google Android und vor Apple iOS.[1]

Windows Phone ging aus Windows Mobile, einem *Windows CE* basiertem Betriebssystem, hervor, welches bereits seit 2002 auf verschiedenen mobilen Endgeräten eingesetzt wurde. Seit den Markteintritten von Apple und Google, mit ihren moderneren, benutzerfreundlicheren Betriebssystemen, verliert Windows Mobile beim privaten Endanwender jedoch rapide an Zuspruch und Bedeutung. Mit Windows Phone 7, welches weniger ein Upgrade zu Windows Mobile als vielmehr eine komplette Neuentwicklung darstellt, möchte Microsoft den Rückstand auf die Innovations-Vorreiter Apple und Google zukünftig neutralisieren. Erreicht werden soll dies, aus Entwicklersicht, unter anderem durch einen verbesserten Entwicklungs- und Distributions-Support für eigene Apps, sowie aus Konsumentensicht, durch eine höhere Bedienbarkeit mit einem optisch ansprechenderem Design. Letzteres wurde durch eine standardisierte Oberfläche mit animierten Kacheln als Auswahlelemente realisiert. Das Design unterscheidet sich stark von den Konkurrenz-Produkten und darf von den Smartphone-Anbietern gar nicht oder nur marginal geändert werden.

Insgesamt vertritt Microsoft, wie auch Apple, eine sehr restriktive Produktpolitik. Wie das iOS von Apple, ist auch Windows Phone ein geschlossenes Betriebssystem. Darüber hinaus wird in Windows Phone jede Art der nativen Programmierung verboten. Erlaubt ist lediglich *managed code* in Visual C# oder Visual Basic.NET.

---

[1] Vgl. Pettey, Christy: Gartner Forecast: Mobile Communications Devices by Open Operating System, Worldwide, 2008-2015, 2011

2.3.4. Nokia Symbian

Der älteste Vertreter der hier aufgeführten mobilen Betriebssysteme ist Nokias Symbian, vor der kompletten Übernahme durch Nokia im Dezember 2008 auch unter dem Namen *Symbian OS* bekannt. Symbian OS entstammt dem mobilen Betriebssystem *EPOC*, welches seit den frühen 90er Jahren hauptsächlich für den Einsatz in PDAs entwickelt wurde. Seit 1998 trägt EPOC den Namen Symbian OS und entwickelte sich zu dem am weitesten verbreiteten Handy-Betriebssystem der nachfolgenden Jahre. Nach der Übernahme durch Nokia Ende 2008 änderte sich der Name letztmalig in Symbian und das Betriebssystem wurde seit Februar 2010, mit kurzweiliger Unterbrechung, unter einer Open Source Lizenz vertrieben. Im Februar 2011 kündigte Nokia an, künftig auf Symbian als Betriebssystem verzichten zu wollen und stattdessen nur noch Smartphones mit Microsofts Windows Phone zu vertreiben. Nokia-CEO Stephen Elop begründete diesen Schritt mit dem allzu großen technischen Rückstand der Symbian-Plattform gegenüber den Konkurrenz-Produkten. Eine Renovierung von Symbian würde zu viel Zeit und Geld in Anspruch nehmen.[1] Aktuell rangiert Symbian auf einem komfortablen zweiten Platz im Verkaufsranking. In Abb.1 ist jedoch auch eine deutlich rückläufige Tendenz auf Grund der steigenden Marktdominanz von Android und iOS zu erkennen. Als Folge der strategischen Allianz von Nokia und Microsoft dürfte der Marktanteil von Symbian schon in wenigen Jahren gegen Null tendieren.

2.3.5. Research In Motion Blackberry OS

Ein weiterer Dinosaurier im Smartphone-Markt ist die kanadische Firma Research In Motion, welche vor allem große Erfolge mit ihren Blackberry-Geräten verbuchen kann. Das Blackberry OS ist ein, in Java geschriebenes, proprietäres Betriebssystem, welches dank umfangreicher Unterstützung von E-Mail Funktionen, einen Wettbewerbsvorteil im Geschäftskundenbereich erlangen konnte. Weitere Wettbewerbsvorteile verschaffte sich RIM auch in den weiteren Büro-typischen Anwendungsgebieten, wie der Synchronisation von Terminen, Aufgaben, Notizen, Kontakten und weiteren Daten über den Blackberry Enterprise Server. Dieser diente darüber hinaus auch dazu, die komplette unternehmenseigene Blackberry-Infrastruktur zu verwalten. Das erste Blackberry mit Telefonfunktion erschien 2002. Seitdem haben Blackberrys im Unternehmenseinsatz eine

---

[1] Vgl. Elop, Stephen in Segan, Sascha: Nokia, Microsoft Detail Windows Phone Partnership, 2011

ähnlich erfolgreiche Laufbahn vorzuweisen wie Symbian-Geräte im Privatanwender-Bereich. Im zweiten Quartal 2011 rangiert RIM mit über zwölf Millionen verkauften Geräten und einem Marktanteil von 11,7 Prozent auf Platz vier des Verkaufsrankings.[1] Auf Grund der starken Konkurrenz, welche dem Blackberry auch die Vormachtstellung im Unternehmensbereich allmählich streitig macht, versucht RIM mit neuen Geräten und erweiterter Software vermehrt Privatanwender als Kunden zu gewinnen. Der jahrelange Verzicht auf den Einsatz von Touchscreens, welche sich mittlerweile als Smartphone-Standard etabliert und auf dem Massenmarkt durchgesetzt haben, führte unter anderem jedoch dazu, dass RIM immer mehr ins Hintertreffen gelangte.[2] Die Prognosen von Gartner sagen voraus, dass sich der Marktanteil von RIM in den kommenden Jahren weiterhin leicht verringern wird, der vierte Platz aber auf Grund des noch schlechter prognostizierten Abschneidens von Symbian gehalten werden kann.[3]

2.4. Mobile Applikationen

Nach der einleitenden Definition des Begriffs „App" und den grundlegenden Ausführungen zu den Themenbereichen „mobile Endgeräte" und „mobile Betriebssysteme", soll sich der folgende Abschnitt eingehender mit der Historie und den Charakteristika der mobilen Anwendungen auseinandersetzen. Es wurde bereits angeführt, dass ein App jede Art von Software sein kann, welche dem Nutzer des mobilen Endgerätes, über die Basis- und Systemfunktionen hinaus, einen Mehrwert liefert. Neben der Möglichkeit, dass Apps bereits von Netzprovidern, Geräte-Herstellern oder den Plattform-Anbietern ab Werk vorinstalliert werden, können Apps auch nachträglich aus den plattformeigenen App-Shops bezogen werden.

Nach einem kurzen Exkurs in die Geschichte der mobilen Helferlein, soll im Folgenden untersucht werden in welchen Aspekten sich mobile Apps von ihren Desktop-Pendanten und den Web-Applikationen unterscheiden. Im Anschluss daran soll ein Versuch der Aufteilung und Kategorisierung des gegenwärtigen App-Universums unternommen werden. Im Zuge dessen werden auch einige innovative Beispiele aus der App-Welt vorgestellt.

---

[1] Vgl. Pettey, Christy: Gartner Market Share: Mobile Communication Devices by Region and Country, 2Q11, 2011
[2] Vgl. o.V.: Blackberrys? Mega-out!, 2011
[3] Vgl. Pettey, Christy: Gartner Forecast: Mobile Communications Devices by Open Operating System, Worldwide, 2008-2015, 2011

2.4.1.   Geschichte und Akzeptanz der mobilen Applikationen

Die Geschichte der Apps begann nicht erst mit der Öffnung des Apple App Stores im Sommer 2008, sondern bereits viele Jahre zuvor. Erste erfolgreiche Entwicklungs-Kits kamen Ende der neunziger Jahre mit *Java ME* und Anfang des neuen Jahrtausends mit *BREW* auf den Markt. Die damals geläufigen, plattform-unabhängigen Distributionskanäle für Apps waren zum Beispiel *Handango* seit 2000, und *GetJar* seit 2004. Während jedoch in den frühen Jahren Apps ein von der Masse der Privatanwender eher unbemerktes Schattendasein in überwiegend unternehmerischen Gefilden fristeten, erlebte der Markt der mobilen Anwendungen in jenem Sommer 2008 den entscheidenden Wendepunkt. Plötzlich entstand ein, in dieser Form nicht zu erwarten gewesenes Interesse, nicht nur innerhalb des Fachbranche, sondern auch auf dem Massenmarkt. Binnen eines halben Jahres seit der Öffnung des App Stores konnte Apple bereits 15.000 Apps im Angebots-Katalog und über 500 Millionen Downloads für sich verbuchen. Zum jetzigen Stand beziffert sich die Anzahl der verfügbaren Apps bereits auf mehr als 425.000 und die Anzahl der verbuchten Downloads auf mehr als 15 Milliarden.[1] Ähnlich imposante Wachstumsraten konnten auch Apples ärgste Konkurrenten, darunter insbesondere Google, für sich verbuchen. Nach dem heutigen Stand kann der Google Android Market, welcher im Oktober 2008 erstmals seine Türen öffnete, bereits über 260.000 Anwendungen[2] bei über 5 Milliarden Downloads[3] vorweisen.

Die Gründe für diese Renaissance der App-Wirtschaft sind vielschichtig. Aus Produzentensicht ist das durch Apple renovierte Vergütungs-Modell eines der ausschlaggebenden Gründe. 70 Prozent des Verkaufserlöses eines über den App Store veräußerten Apps fließen direkt an den Entwickler, lediglich 30 Prozent behält Apple ein. Im Vergleich zu vormals gängigen Beteiligungs-Modellen, bei welchen der Entwickler mit nur rund zehn Prozent des Gesamt-Erlöses rechnen konnte, gewann das Handwerk der App-Entwicklung hiermit eine ganz neue Attraktivität.[4] Der große Konkurrenz-Druck innerhalb des Plattform-Anbieter-Marktes und der daraus resultierende Kampf um die

---

[1] Albrecht, Georg / Kudérna, Martin: Über 15 Milliarden Apps aus dem App Store von Apple heruntergeladen, 2011

[2] o.V.,2011: Number of available Android applications, 2011. Anmerkung: Statistiken, die größere Zahlen angeben, beinhalten zum Teil auch die Angebotszahlen der Vertriebsplattformen von Googles Geschäftspartnern, z.B. Amazon.

[3] o.V.: AndroLib Statistiken, 2011

[4] Vgl. Sharma, Chetan: Sizing up the global apps market, 2010, S.4f.

freien Entwickler kamen letzteren ebenfalls dadurch zugute, dass Qualität und Quantität der Entwicklungs-Tools und des Entwickler-Supports beständig stiegen. Auch die signifikant verkürzte *time-to-market* Dauer, ermöglicht durch das direktere Vertriebsmodell der App Shops, verhalf zum Abbau von Hürden auf Entwicklerseite. Aus Konsumentensicht führten insbesondere der rasante technische Fortschritt bei den mobilen Endgeräten, angefangen bei Apples iPhone als auch die, dank UMTS und HSDPA, höheren Übertragungsraten im Mobilfunknetz, zu einem verstärkten Bedarf an mobilen Content. Befriedigt wurde diese Nachfrage durch eine nach und nach immer größer werdende Bandbreite von Apps für jedes erdenkliche Anwendungsgebiet. Davon waren einige so innovativ und nützlich, dass sie erheblich zu einem positiven Image von Apps in der allgemeinen Wahrnehmung beitrugen. So ermöglichten Barcode-Scanner Apps den Anwendern einen sofortigen Online-Preisvergleich während sie das entsprechende Produkt noch in der Offline-Welt in Augenschein nahmen, Navigations Apps machten mit dem entsprechenden GPS-Modul die Anschaffung eines teuren, separaten Navigations-Gerätes überflüssig, Musik-Erkennungs Apps halfen überall und zu jeder Zeit, das gerade gehörte Musikstück zu identifizieren.

Die hohe Akzeptanz und die tiefe Verflechtung von Smartphones und Apps in unserem Alltag werden von einer jüngst veröffentlichten Studie *„The Mobile Movement"* von Google untermauert.[1] Demnach geht Google davon aus, dass bis Ende des Jahres 2011 jeder zweite erwachsene US-Amerikaner in Besitz eines Smartphones sein wird. 89 Prozent der Smartphone-Besitzer nutzen ihr Gerät mindestens einmal am Tag um Dienste in Anspruch zu nehmen, die über die reinen Telefonie-Funktionen hinausgehen. Die drittbeliebteste Aktivität in diesem Zusammenhang ist, hinter dem „Surfen im Internet" und der Online-Suche, die Nutzung von Apps. 68 Prozent der befragten Smartphone-Nutzer gaben an, innerhalb eines einwöchigen Beobachtungs-Zeitraumes mindestens einmal eine App genutzt zu haben. Interessant für die Konsumwirtschaft dürften insbesondere die Zahlen sein, die im Zusammenhang mit dem Kaufverhalten von Smartphone-Nutzern ermittelt wurden. So gaben 79 Prozent der befragten Nutzer an, ihr Smartphone schon einmal als Hilfsmittel für eine Kaufentscheidung herangezogen zu haben, sei es, um Informationen über Produkt und Shop zu erhalten, einen Online-Preisvergleich durchzuführen, oder um Einkaufsgutscheine herunterzuladen. Bei diesen Aktivitäten können natürlich entsprechende Apps assistieren, welche darüber hinaus auch den Bezahlvorgang zur

---

[1] Vgl. o.V.: The Mobile Movement, 2011

Abwicklung bringen.

2.4.2. Abgrenzung zu Desktop-Anwendungen

Im Vergleich zu Anwendungen, welche speziell für den Desktop-Bereich entwickelt worden sind, fällt bei mobilen Applikationen zunächst auf, dass sie wesentlich „schlanker" daherkommen. Oft umfasst der Funktionsumfang eines mobilen Apps nur einen Bruchteil der Funktionen seines Desktop-Pendanten. So können beispielweise in *QuickOffice*, einer mobilen Variante gängiger Office-Software, zwar alle Basis-Funktionen, wie das Anzeigen, Bearbeiten und Speichern von Dokumenten, genutzt werden, jedoch bleiben weit darüberhinaus gehende Funktionen, wie umfangreiche grafische Visualisierungen oder der Einsatz komplex verschachtelter Excel-Formeln, weiterhin ausschließlich den Desktop-Programmen vorbehalten. Diese Funktions-Einschränkungen sind zum einen auf die spezifischen Hardware-Unterschiede zurückzuführen. Hersteller mobiler Systeme sind primär darauf bedacht, die Mobilität, die Handlichkeit und die Sparsamkeit im Stromverbrauch ihrer Geräte zu gewährleisten, so dass hier Einbußen in der Leistungsfähigkeit der Hardware-Ausstattung generell in Kauf genommen werden müssen. So ist es nicht weiter verwunderlich, dass selbst durchschnittliche Desktop-Systeme über wesentlich mehr physikalischen Speicher, höhere Prozessorleistung oder bessere Grafik-Performance verfügen als die aktuellsten mobilen Systeme. Die größten Unterschiede sind jedoch bei den Ein- und Ausgabe-Komponenten erkennbar. Auf Grund der wesentlich reduzierteren Display-Größen und des Fehlens von ergonomisch akzeptablen Tastaturen oder Zeigegeräten sind langwierige Arbeitssitzungen mit komplexen Ein- und Ausgaben an mobilen Geräten eher undenkbar. Apps sind daher auf Eingaben und Ausgaben bedacht, die auf das Wesentliche reduziert sind.

Auf der anderen Seite gebieten aber auch die Nutzungsgewohnheiten von Besitzern mobiler Endgeräte eine Einschränkung des Funktions-Umfangs von Apps. Die überwiegende Nutzung von Smartphones findet nebenbei und in der Regel kurz statt. So wird das Smartphone gerne beim Warten in der Supermarkt-Schlange, auf dem Weg zur Arbeit im Zug oder beim Abendessen zu Hause aus der Tasche genommen, um schnell E-Mails abzurufen, Informationen und Nachrichten aus dem Internet zu beziehen, die sozialen Netzwerke abzuklappern oder eine Navigationsanfrage zu starten.[1] Damit werden auch die

---

[1] Vgl. o.V.: The Mobile Movement, 2011, S.7ff.

31

Einsatzbereiche mobiler Apps in Abgrenzung zu den Desktop-Anwendungen klar.

„Niemand nimmt seinen Desktop-Rechner mit ins Auto, um sich an ein Fahrziel navigieren zu lassen. Im Umkehrschluss ergibt es keinen großen Sinn, Photoshop oder Word in all ihrer Leistungsvielfalt auf ein kleines mobiles Gerät zu bringen ... Anders als bei Desktop-Anwendungen, die gerne mit der Zahl ihrer Features werben, ist auf mobilen Geräten schlicht und einfach nur Platz für das Wesentliche. Vergleichen Sie Ihre Anwendung mit einem Werkzeugkasten. Natürlich wäre es toll, im Urlaub immer den gesamten Werkzeugkasten dabei zu haben. Aber aus Platzgründen können Sie nur das Schweizer Offiziersmesser mitnehmen. Sie erwarten nicht, dass sich daran beispielsweise eine Lötlampe oder etwas ähnlich Exotisches befindet. Aber die wichtigsten Tätigkeiten sollten sich auch mit der mobilen Version des Werkzeugkastens erledigen lassen."[1]

Benutzer und Entwickler von mobilen Apps, sehen sich durch die minimierten Display-Größen und den neuartigen Eingabemethoden ganz neuen Herausforderungen gegenübergestellt. Die im Vergleich zur stationären Hardware eher winzig ausfallenden Display-Dimensionen stellen spezielle Anforderungen an das Design mobiler Anwendungen. Das begrenzte Display darf nicht überladen werden. Sowohl die Navigationselemente als auch die eigentlichen Inhalte sind bei den mobilen Applikationen daher, wie schon erwähnt, auf das Wesentlichste beschränkt sein. Die sinnvolle, ergonomisch ansprechende Gestaltung des User Interfaces ist eine der größten Herausforderungen, denen ein Entwickler für mobile Software gegenübersteht, ganz besonders dann, wenn er sein App auf vielen unterschiedlich proportionierten Geräten mit unterschiedlichen Display-Auflösungen und Pixel-Dichten verfügbar machen möchte.

Während bei Desktop-Anwendungen, Eingaben bequem über Maus und physikalische Tastatur getätigt werden können, sieht sich der Anwender der mobilen Anwendungen zumeist einer Touch-Bedienung mit unterdimensionierter, virtueller Tastatur gegenüber. Hier ist höchstes Fingerspitzengefühl gefragt, um präzise Eingaben tätigen zu können.

Es bleibt noch zu erwähnen, dass viele mobile Systeme über Ausstattung verfügen können, die bei Desktop-Systemen keinen Sinn machen würde, wie etwa GPS-, Lage-, Beschleunigungs-Sensoren, eine Kamera oder ein Kompass. Darauf aufbauend resultieren Apps für Anwendungsfälle, die mit einem Desktop-System nicht abgedeckt werden können. Darunter fallen die bereits mehrfach erwähnten Navigationslösungen oder Code-Scanner, aber auch Spiele, die zum Beispiel die Nutzung der verschiedenen Sensoren in ihr

---

[1] Koller, Dirk: iPhone-Apps entwickeln, 2011, S.80

Spielkonzept integrieren sowie „Augmented Reality"-Anwendungen, welche die aktuellen Kamera-Aufnahmen, beispielsweise um entsprechende Touristen-Informationen aus dem Internet bereichern.

2.4.3. Abgrenzung zu mobilen Web-Applikationen

Während eine Abgrenzung von mobilen Apps zu Desktop-Applikationen noch relativ leicht fällt, erfordert die Unterscheidung von Apps zu Web-Applikationen, und hier insbesondere zu den Web-Applikationen für den mobilen Einsatz, eine genauere Betrachtung. Es gibt zahlreiche Beispiele für Apps, welche stellenweise von ihren mobilen Web-Entsprechungen, optisch kaum mehr zu unterscheiden sind. In Abb.2 ist dies anhand des Beispiels Facebook zu erkennen.

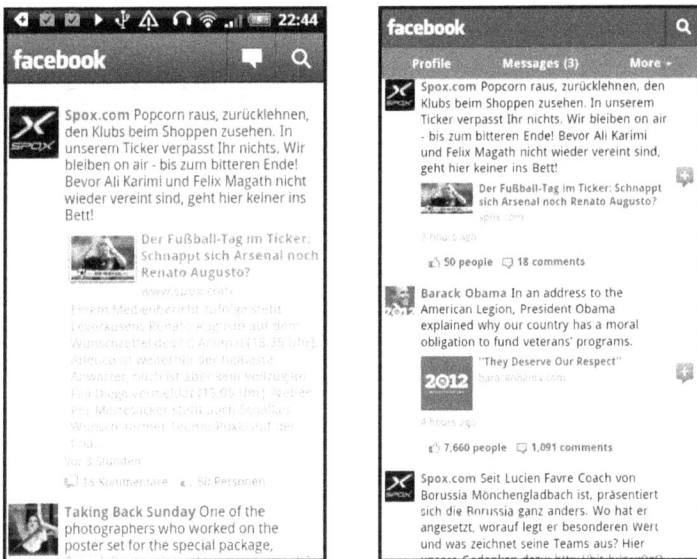

Abb. 2: Links Facebook-App, Rechts Facebook Web-App; eigene Darstellung

Die bereits zuvor erwähnten Design technischen Herausforderungen bei der Erstellung von mobilen Apps, sind exakt dieselben, die es auch bei der Erstellung von mobilen Webanwendungen zu bewältigen gilt. Auch technisch gesehen können sich Apps und Web-Apps bis in das kleinste Detail gleichen. Um bei dem Beispiel Facebook zu bleiben: Beiden Anwendungstypen ist es möglich auf die Kamera- und/oder GPS-Schnittstellen des mobilen

Endgerätes zuzugreifen, um so den aktuellen Standort oder eine Kamera-Aufnahme im Facebook-Profil zu veröffentlichen. In Anbetracht dessen und vor dem Hintergrund der zunehmenden Fragmentation[1] der mobilen Geräte stellt sich natürlich die Frage, ob es nicht sinnvoller wäre, von vornherein eine Plattform-unabhängige Web-Anwendung anzubieten, anstatt native Apps für jede Plattform zu entwickeln. Diese Diskussion beschäftigt die Industrie schon seit längerer Zeit. In der folgenden Tabelle sind einige der ermittelten Vor- und Nachteile des Einsatzes von Web-Apps gegenüber nativen Apps aufgelistet.[2]

Native Apps	Web Apps
+ komplette Integration im Betriebssystem und somit Zugriff auf alle Systemschnittstellen möglich	+ Plattformunabhängigkeit
	+ Daten liegen auf Internet-Servern / Zugriff von überall bzw. allen Geräten möglich
+ höhere Benutzerfreundlichkeit / besseres look-and-feel	+ Keine Einschränkungen durch Plattform-Richtlinien
+ bessere Performance	+ Updates und Wartungsarbeiten können zentral erfolgen
+ mehr Features möglich	
- nur für ein Gerät verfügbar / Wechsel des Geräts kann Verlust des Apps bedeuten	+ Entwicklungs- und Wartungskosten vergleichsweise niedriger
- Updates müssen manuell aufgespielt werden	- schlechtere Performance und schlechteres look-and-feel auf Grund der Browser-Schicht
- Portierung zu anderen Geräten/Betriebssystemen sehr aufwendig	- keine Nutzung Geräte- bzw. OS-spezifischer Vorteile/Features
- Entwickler müssen sich an Richtlinien der gewählten Plattform halten	- Abhängigkeit vom Online-Zugang
- Entwicklungs- und Wartungskosten vergleichsweise höher	- keine Browser-Unabhängigkeit

Tab. 2: Web-Apps und Apps im Vergleich; eigene Darstellung

Es ist also zu erwarten, dass insbesondere in Performance-lastigen Anwendungsbereichen,

---

[1] Fragmentation im Zusammenhang mit mobilen Endgeräten, beschreibt die wachsende Anzahl der unterschiedlichen, zueinander inkompatiblen Geräte und Betriebssysteme. Das Portieren von ein und derselben Software wird dadurch nur mit viel Aufwand und grundlegenden Anpassungen möglich.

[2] Vgl. Meeker, Mary u.a: The Mobile Internet Report, Morgan Stanley, 2009, S.162f. und o.V.: Native Apps vs. Web Apps, 2010

wie zum Beispiel bei Grafik-intensiven Spielen, oder bei Anwendungen, die auf Systemkomponenten zugreifen, wie dem Barcode-Scanner, die Implementierung einer nativen Lösung seitens der Entwickler präferiert wird. Mit der Weiterentwicklung der heutigen Web-Technologien, speziell in Hinblick auf *HTML5*, aber auch mit den Möglichkeiten randständigerer Technologien, wie *Javelin* und *WURFL*, welche den oben skizzierten Funktionsumfang des Facebook-Web-Apps liefern, werden die Web-Lösungen in Zukunft noch mehr an Attraktivität gewinnen.

2.4.4. Kategorien und Beispiele innovativer Apps

Dieser Abschnitt soll sich der Vorstellung einiger konkreter App-Ideen widmen. Die schiere Masse an derzeit existierenden Apps soll dafür zunächst, der Übersicht halber, in Kategorien eingeteilt werden. Aus den einzelnen, ermittelten Kategorien soll eine Auslese besonders innovativer und/oder erfolgreicher App-Ideen getroffen werden, die im Anschluss vorgestellt wird.

Auf höherer Abstraktionsebene lassen sich Apps grob in drei Gruppen einordnen:

- Vernetzung/Information
- Produktivität
- Unterhaltung

Diese Kategorisierung nach dem Nutzwert von Apps wird bereits in verschiedener Fachliteratur angewandt.[1]

Die Kategorie der **Vernetzung/Information**, umfasst diejenigen Apps, deren primäre Aufgabe es ist dem Anwender schnellen Zugang zu Informationen jeder Art zu ermöglichen. Dies können beispielsweise Dienste für Nachrichten, Aktienkurse, Sportergebnisse, Wetter, Produktinformationen, Übersetzungen oder für standortbezogene Informationen sein. Auch Informationen den Status des eigenen sozialen Netzwerkes betreffend, also letztendlich alle Social-Media-Dienste, fallen unter diese Kategorie.

Eine Komplexitätsstufe darüber siedeln sich die **Produktivitäts**-Apps an, welche analog zu den Vernetzungs-/Informations-Apps ebenfalls den Zugang zu Informationen liefern

---

[1] Siehe Koller, Dirk: iPhone-Apps entwickeln, 2011, S.76 und o.V.: apps get real, 2009, S.37 sowie Buschow, Sabrina / Olavarria, Marco: Mobile Research Guide 2010, 2010, S.72

können, deren primäre Aufgabe es jedoch ist den Anwender in einem „Schaffens-Prozess" zu assistieren. Dieser Schaffens-Prozess kann beispielsweise das Organisieren des alltäglichen oder des Arbeitslebens mit Hilfe von Terminplanern, To-Do-Listen, Adressbüchern oder komplexen Projektplanungs-Tools sein. Natürlich fallen ebenso Apps für die Erstellung von Briefen, E-Mails, Dokumenten oder anderweitigen Dateien in diese Kategorie. Auch die Erstellung von Navigationsrouten sowie Apps, die den Anwender bei sportlichen Aktivitäten unterstützen, wie zum Beispiel Jogging-Tracker, sind der Kategorie Produktivität zugehörig. Letztendlich sind noch die praktischen Werkzeug-Apps zu erwähnen, welche das Smartphone in ein Schweizer Taschenmesser verwandeln, wie etwa Wasserwaage-, Taschenlampe- oder Zollstock-Apps.

Die dritte und bei Endverbrauchern wahrscheinlich beliebteste Kategorie, ist die Kategorie der **Unterhaltungs**-Apps. Selbstredend gehört jede Art von Spiel dieser Kategorie an. Musik-, Video- und TV-Apps, sowie E-Book-Reader sind der Kategorie ebenfalls zugehörig.

Diese Form der Kategorisierung erhebt keinen Anspruch auf Überschneidungsfreiheit. So kann ein E-Book-Reader, je nach Sichtweise, auch der Kategorie Information/Vernetzung, ein Social-Media-App hingegen ebenso der Kategorie Unterhaltung zugeordnet werden.

Eine weitere Möglichkeit der Einteilung orientiert sich an den Kategorien, welche sich die Anbieter der großen, plattformabhängigen App-Shops, also Google und Apple, für ihren Android Market bzw. App Store erdacht haben. Hier ist die Tiefe der Unterteilung ungleich größer, sodass jeweils mehr als 20 Kategorien zu Buche stehen. Beiden Plattformen ist aber gemein, dass die beliebteste Kategorie mit den meisten täglichen Downloads, die Kategorie der Spiele ist.

Im Folgenden sollen nun einige innovative Apps in tabellarischer Form vorgestellt werden. Neben den eigentlichen Basis-Informationen zum App selbst, werden auch die zugehörige Kategorie im jeweiligen Market/Store, sowie ein QR-Code, wenn vorhanden, für den direkten Download auf das eigene mobile Gerät zur Verfügung gestellt.

Barcode Scanner

Kategorie: Information / Vernetzung
Android Market Kategorie: Shopping

Mit Hilfe der Kamera-Funktion werden Barcodes und QR-Codes erkannt und gescannt.

Je nach Inhalt des Codes, werden zusätzliche Informationen, wie Produktinformationen, Preisvergleiche, Lebensmittel-Ampeln, aus dem Internet bezogen.

Scanner-Apps sind in den unterschiedlichsten Variationen von einer Vielzahl von Anbietern beziehbar.

Angry Birds

Kategorie: Unterhaltung
Android Market Kategorie: Spiele

Dieses Spiel ist eines der erfolgreichsten Spiele-Apps.

Bis Ende Oktober 2010 wurde es mehr als 10 Millionen mal heruntergeladen.

Pizza Hut App Kategorie: Vernetzung / Information iPhone Kategorie: Lifestyle	Zurzeit nur in Amerika erhältlich.
	Pizzen lassen sich bequem über eine innovative Menü-Struktur zusammenstellen und direkt beim nächstgelegenen Lieferanten bestellen.
NearestWiki Kategorie: Vernetzung / Information iPhone Kategorie: Education	Nicht verfügbar.
	Eine Augmented Reality App, welche mit aktivierter Kamera, Informationen über die erkannten Lokalitäten im Sucher, aus dem Internet lädt und direkt ins Bild hinein projiziert. Wird die Kamera bzw. das Smartphone in Richtung des Bodens gehalten, so wird die Kartenansicht aktiviert.

SnapShop Showroom	Nicht verfügbar.
Kategorie: Produktivität App Store Kategorie: Lifestyle	

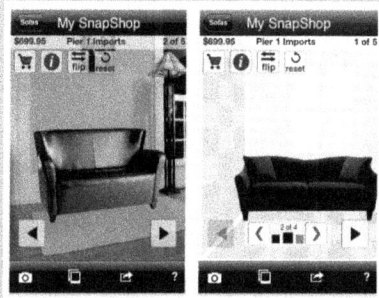

Augmented Reality App.

Der Raum wird mit der Kamera gefilmt und im Handydisplay angezeigt.

Aus der integrierten Bibliothek eines Einrichtungshauses können unter anderem Möbel ausgewählt und in dem aufgenommenen Zimmer platziert werden. Die Position kann nachträglich noch verändert werden.

Cardio Trainer

Kategorie: Produktiv und Information / Vernetzung
Android Market: Gesundheit & Fitness

Die App schneidet Laufstrecken mittels eines GPS-Trackings mit. Diese werden automatisch an die Anbieter-Website übertragen und können anschließend vom Läufer analysiert werden.

Zusätzlich besteht die Möglichkeit einen Pulsmesser zu tragen, welcher die Pulsdaten via Bluethooth an das Smartphone überträgt.

AmpliTube

Kategorie: Produktiv und Unterhaltung
App Store Kategorie: Musik

Eine „*Verstärker*"-App für die
heimische E-Gitarre.

Es wird ein separater Adapter
benötigt, das iRig, um Gitarre und
Boxen simultan an das iPhone
anschließen zu können.

Die App liefert verschiedene Effekte
mit, so dass physische Effekt-Pedale
überflüssig werden.

Teamviewer

Kategorie: Information / Vernetzung
Android Market: Effizienz-Tool

Die Remote Desktop Lösung für das
mobile Gerät.

Öffi - ÖPNV Auskunft Kategorie: Information / Vernetzung Android Market: Verkehr	
	Es werden die Fahrpläne der nächstgelegenen öffentlichen Verkehrsmittel automatisch aus dem Internet geladen und übersichtlich angezeigt. Außerdem kann in der Kartenansicht zur nächsten Haltestelle navigiert werden.
Soundhound Kategorie: Information / Vernetzung App Store Kategorie: Musik	
	Diese App hilft bei der Erkennung von laufender Musik. Nach Aktivierung „lauscht" die App mit und versucht eine Entsprechung in der Online-Datenbank zu finden.

Tab. 3: Beispiel für innovative Apps; eigene Darstellung

3. Entwicklung

In diesem Kapitel soll der Fokus auf die Entwicklung der mobilen Applikationen gelegt werden. Die Vielzahl der verfügbaren Betriebssysteme und damit auch der einhergehenden Entwicklungssprachen, -Techniken, -Umgebungen und -Tools, erfordert eine Beschränkung der in dieser Studie zu untersuchenden Plattformen auf eine übersichtliche Auswahl. Die Auswahl beinhaltet die beiden meist beachteten Betriebssysteme Google Android und Apple iOS, sowie den „Aufsteiger" Microsoft Windows Phone.

Eine umfassende oder gar vollständige Betrachtung aller entwicklungstechnischen Möglichkeiten dieser drei Plattformen würde den Rahmen dieser Untersuchung bei Weitem sprengen. Die Untersuchung wird sich daher auf die fundamentalen, für das jeweilige Betriebssystem charakteristischen Konzepte begrenzen. Diese Grundkonzepte werden ausreichend sein um die grundlegende Funktionsweise des Betriebssystems zu verstehen und um eine Basis-Anwendung für die jeweilige Plattform entwickeln zu können. Da in der Regel bekannte Programmiersprachen zum Einsatz kommen, wie zum Beispiel Java für Android, wird sich dieses Buch nicht mit den umfassenden Möglichkeiten und Besonderheiten dieser Sprachen auseinandersetzen.

Nachdem in Kapitel 2.3 bereits ein kurzer Einblick in die Historie der einzelnen Plattformen geschaffen wurde, soll im Folgenden zunächst ein Einblick in die Architektur der Systeme sowie eine Beschreibung der grundsätzlichen Funktionsweisen erfolgen. Daran anschließend erfolgt eine Betrachtung der jeweiligen Entwicklungsumgebung sowie der vom Hersteller angebotenen Entwicklungstools, ehe es zu der Vorstellung der entwicklungstechnischen Grundprinzipien für die jeweilige Plattform kommt. Um diese Grundprinzipien praktisch zu verdeutlichen, wird für alle drei Plattformen eine Demonstrations-Applikation entwickelt.

3.1. Android

3.1.1. System-Architektur

Android basiert auf einem Linux 2.6 Kernel, welcher zur Herstellung mobiler Einsatzfähigkeit bzw. mobiler Effizienz jedoch stark modifiziert wurde. So wurden zahlreiche Treiber und Bibliotheken, welche in ihrer ursprünglichen Form die begrenzt mobile CPU und/oder den begrenzten Speicher zu sehr belastet hätten, grundlegend angepasst oder gar ersetzt.[1] Unter anderem wurden Komponenten des Memory Managements, der Interprozess-Kommunikation und das Power Management umfassend überarbeitet.[2] So musste das klassische Linux Power Management um Funktionen für die Überwachung und Regulierung des Akkuverbrauchs von mobilen Geräten erweitert werden. Das grunderneuerte Power Management schaltet beispielsweise die Hintergrundbeleuchtung der Navigationstasten an und aus, und reguliert automatisch die Helligkeit des Displays.

Der Kernel wurde des Weiteren um Treiber für spezifische mobile Hardware, wie den verschiedenen Sensoren, den Touchscreen oder der Kamera erweitert. Der modifizierte Linux-Kernel bildet die Basis-Schicht der Android-Architektur, wie auch anhand des folgenden Schaubilds verdeutlicht wird.

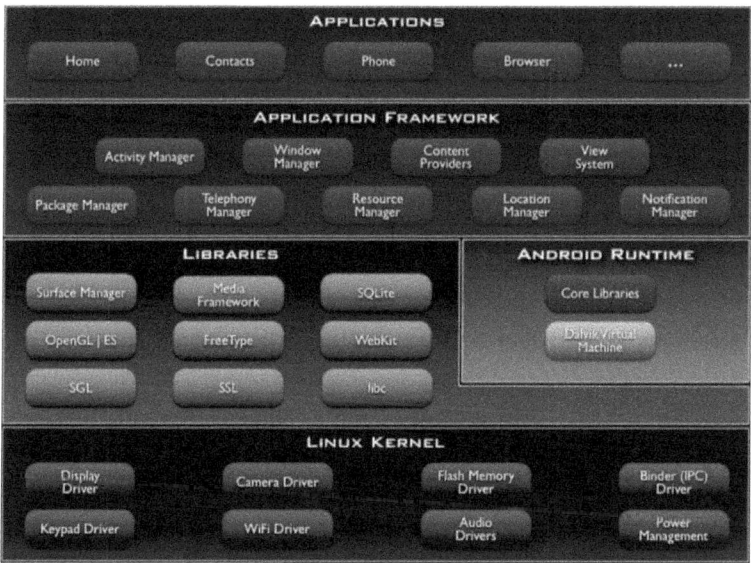

Abb. 3: Architektur von Android; o.V.: Android Developers, 2011

Die Kernfunktionalitäten von Android werden über eine Vielzahl von Standard- C/C++ Bibliotheken bereitgestellt. So basiert zum Beispiel der Browser von Android auf der

---

[1] Vgl. Becker, Arno: Die Architektur von Android, 2011
[2] Siehe McDermott, Peter: Porting Android to a new device, 2008

quelloffenen WebKit-Engine. Als Datenbanksystem kommt das allgemein bekannte und bewährte SQLite zum Einsatz. Für 2-D und 3-D Grafik-Anwendungen stehen jeweils die SGL und OpenGL-Bibliotheken parat. Die Schnittstellen der C/C++ Bibliotheken können direkt vom Anwendungsrahmen genutzt werden.

Der Anwendungsrahmen selbst bietet den Unterbau für jede Android-Anwendung. Aus den Komponenten des Anwendungsrahmens stellt sich der Entwickler seine eigene mobile Anwendung zusammen. Es stehen zahlreiche grafische Oberflächen-Elemente, wie Listen, Textfelder, Buttons oder Menüs zur Verfügung, aber auch ein *Ressourcen Manager*, welcher zum Beispiel die Binärdateien einer Anwendung verwaltet, ein *Location Manager*, welcher unter anderem den aktuellen Standort liefert, oder *Content Provider*, welche den Austausch von bestimmten Daten zwischen verschiedenen Anwendungen realisieren. Eine wichtige Rolle spielt der *Activity Manager*, welcher die Anwendung zur Laufzeit verwaltet und den Lebenszyklus der entsprechenden Anwendungskomponenten überwacht.

Die oberste Schicht der Android-Architektur umfasst sowohl die Android-eigenen Anwendungen, wie die Telefonie-Anwendung, den Home-Screen oder den Web-Browser als auch die Anwendungen von Drittanbietern, zu denen auch die eigenen gehören.

Die Laufzeit-Umgebung von Android besteht aus den Android Kern-Bibliotheken, welche wiederum aus den *DVM*-spezifischen Bibliotheken, den *Apache http-Client* Bibliotheken und den Java-kompatiblen Kernbibliotheken besteht.[1] Der Funktionsumfang dieser Java-kompatiblen Bibliotheken entspricht in etwa dem der Java Standard Edition, mit dem kennzeichnenden Unterschied, dass die Java Oberflächen-Pakete (*AWT* und *Swing*) durch Android-spezifische Oberflächen-Pakete ersetzt wurden. Das Herzstück der Laufzeitumgebung und der eigentliche Motor von Android ist jedoch die *Dalvik Virtual Machine*, kurz *DVM*. Auf Grund ihrer Bedeutung wird die DVM in Abschnitt 3.1.2.2 etwas näher beleuchtet.

---

[1] Vgl. Pleumann, Jörg: The Android Runtime Environment, 2009

3.1.2. Laufzeitverhalten

3.1.2.1. Lebenszyklus einer Android Anwendung

Wie im Kapitel 3.1.5 noch deutlicher gezeigt wird, handelt es sich bei Android-Apps um komponentenbasierte Anwendungen. Eine Android-Anwendung kann, muss aber nicht, aus mehreren verschiedenen Komponenten zusammengesetzt sein, die weitestgehend unabhängig voneinander agieren bzw. Code ausführen. Dies bedeutet auch, dass jede Komponente ihren eigenen Lebenszyklus durchläuft.

Da der wohl größte Teil aller Android-Anwendungen eine direkte Interaktion mit dem Anwender erstrebt, wird zu diesem Zweck mindestens eine sogenannte Activity-Komponente implementiert werden. Diese beinhaltet eine Benutzeroberfläche und kann für die Verarbeitung der verschiedensten Benutzer- und System-seitigen Ereignisse herangezogen werden. Der Lebenszyklus einer Android-Anwendung kann am sinnvollstem anhand der Lebenszyklen ihrer Activity-Komponenten erläutert werden.

Der Lebenszyklus einer Activity beginnt mit dem `onCreate()`-Event bzw. Methodenaufruf, welcher in der Regel durch den Benutzer ausgelöst wird, und endet mit dem `onDestroy()`-Event. Dazwischen befinden sich diverse Pause- und Wiederaufnahme-Zustände, welche einen Kreislauf bilden. Zunächst soll dies an der Abbildung 3 verdeutlicht werden.

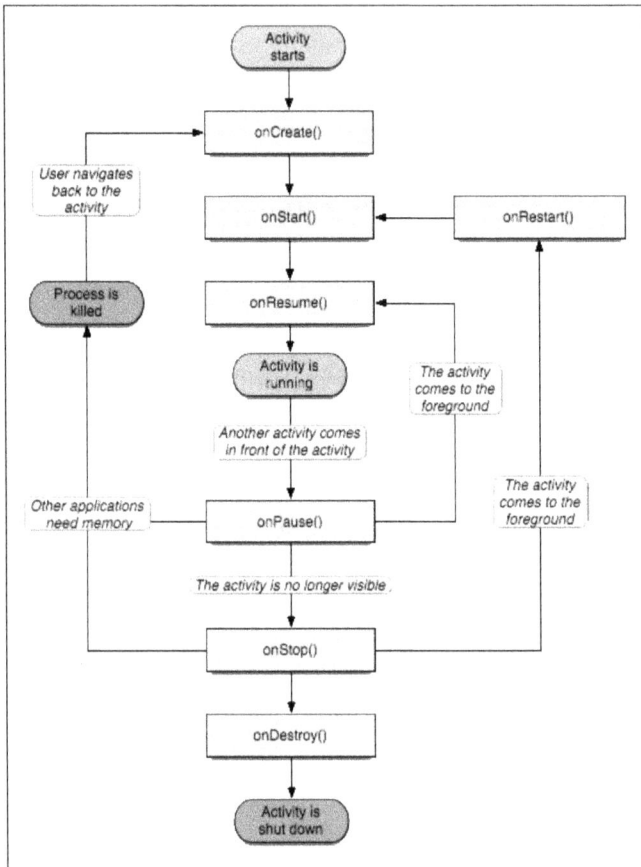

Abb. 4: Lebenszyklus einer Activity; o.V.: Android Developer, 2011

- *Gesamte Lebenszeit*: Wie bereits erwähnt wird die gesamte Lebenszeit von den Methoden onCreate() und onDestroy() umschlossen. Die onCreate()-Methode muss in jeder Activity überschrieben werden. In ihr wird die Benutzeroberfläche eingebunden und benötigte Ressourcen initialisiert, welche mit dem Aufruf von onDestroy() wieder freigegeben werden.

- *Activity sichtbar, aber nicht im Vordergrund*: Dieser Zustand liegt zwischen den Methoden onStart() und onStop(). Er tritt beispielsweise ein, wenn ein Popup in den Vordergrund tritt, wobei jedoch Teile der Activity immer noch für den

Benutzer sichtbar bleiben.

- *Activity im Vordergrund*: Zwischen den Aufrufen von `onResume()` und `onPause()` ist einzig diese Activity sichtbar. Die Methode `onPause()` wird beispielsweise aufgerufen, wenn eine andere Activity gestartet und `onResume()` wenn zu dieser Activity zurückgekehrt wird.[1]

Die Sicherung von Zustands-Informationen und Anwendungsdaten sollte bereits in der Methode `onPause()` erfolgen, da der Prozess einer Activity, die nicht mehr im Vordergrund ist, jederzeit vom System beendet werden kann, beispielsweise auf Grund eines auftretenden Ressourcenmangels.[2]

Schliesst der Benutzer die Anwendung, führt er also die Main-Activity in den Zustand *destroyed* über, so wird der beherbergende Prozess nicht sofort beendet. Wie dies zu verstehen ist, wird im nachfolgenden Kapitel erläutert.

3.1.2.2. Dalvik Virtual Machine und Multitasking

Wie in der Historie bereits erwähnt, handelt es sich bei der DVM um ein hauseigenes Produkt von Google, welches einer Java Virtual Machine[3] entlehnt ist und für den mobilen Einsatz optimiert wurde. Einer der gravierendsten Unterschiede gegenüber einer gewöhnlichen JVM liegt in der Verwendung eines eigenen Bytecodes, dem *Dalvik Executable Bytecode*, kurz *dex*-Bytecode. Anwendungen für Android werden in der Regel in Java geschrieben und entsprechend in Java-Bytecode kompiliert. Das Tool *„dx"* übersetzt diesen Bytecode in dex-Bytecode, welcher von der DVM interpretiert werden kann und dank zahlreicher Optimierungen wesentlich kompakter ausfällt als die entsprechenden Java-class-Dateien.[4]

---

[1] Die Main-Activity der Demo-Anwendung gibt bei jedem Wechsel seines Zustandes eine Debug-Meldung, mittels des Log.d()-Befehls aus. So kann über LogCat der gesamte Lebenszyklus dieser Activity verfolgt werden.
[2] Die Thematik der Zustandssicherung wird in Kapitel 3.1.5.1 näher beleuchtet.
[3] Im Speziellen: Apache Harmony.
[4] Vgl. Carlo, Nicola: Einblick in die Dalvik Virtual Machine, 2009, S.5ff.

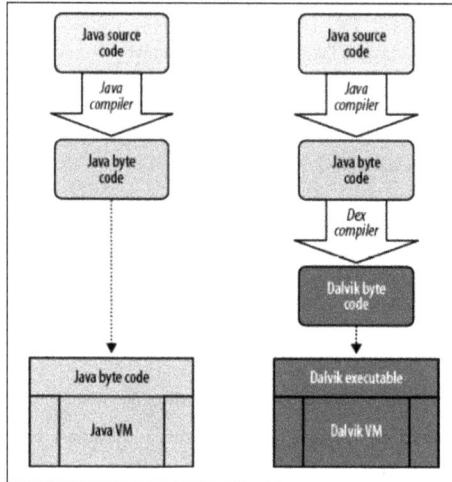

Abb. 5: Kompilieren für JVM und DVM; Gargenta, Marko: Learning Android, 2011

Ein weiterer Unterschied findet sich in der zugrundeliegenden Architektur der DVM, welche im Gegensatz zu einer JVM nicht Stack- sondern Register-basiert ist. Der Register-basierte Ansatz der DVM erlaubt es, die Register von Mikroprozessoren für Berechnungen über mehrere Zwischenschritte auszunutzen, so dass diese wesentlich schneller abgearbeitet werden können.[1]

Des Weiteren wurde die DVM so konzipiert, dass mehrere Instanzen von ihr parallel und dabei Ressourcen-schonend ausgeführt werden können. Dies ermöglicht ein spezielles, Multitasking-fähiges Prozessmodell, in welchem jedem Anwendungs-Prozess eine eigene DVM zugeteilt werden kann.

Die Zuteilung übernimmt ein Systemprogramm namens *zygote*. Da der Initialisierungsvorgang mit steigender Anzahl der laufenden Anwendungen sehr viel Overhead erzeugt, beendet zygote Anwendungs-Prozesse und ihre DVM nicht sofort, auch wenn die entsprechenden Anwendungen vom Benutzer nicht mehr benötigt und daher geschlossen werden. Dieses Systemverhalten macht umso mehr Sinn, wenn berücksichtigt wird, dass Android-Anwendungen häufig aus mehreren Komponenten bestehen, die unabhängig voneinander gestartet und gestoppt werden können. Die entsprechenden

---

[1] Vgl. Becker, Arno / Pant, Marcus: Android 2, 2010, S.21

Start-Vorgänge gehen schneller von statten, wenn der zugehörige Prozess samt DVM noch läuft. Anstatt einen Prozess also umgehend zu beenden, legt Android ihn auf einem Stack ab, welcher die laufenden Prozesse je nach Zugriffshäufigkeit geordnet hält. Prozesse, deren enthaltene Komponenten selten bis gar nicht mehr benutzt werden, also auch Anwendungen die vom Benutzer explizit beendet wurden, liegen im unteren Bereich des Stacks, während zuoberst stets der Prozess der gerade angezeigten Komponente liegt. Erst wenn es im Laufe des Betriebes zu Ressourcen-Engpässen kommt, beginnt Android damit, die untersten Prozesse im Stack zu beenden.

Da Activities keinen Code ausführen können sobald sie in den Hintergrund treten, wird für die Realisierung des Multitaskings stattdessen eine *Service*-Komponente verwendet, auf die näher in Kapitel 3.1.5.3 eingegangen wird. Aktive Services erhalten einen Anwendungs-Prozess am Leben, auch wenn alle zugehörigen Activities bereits beendet wurden. Mit den Techniken der Interprozess-Kommunikation[1] können andere Anwendungen auf diesen Service zugreifen.

3.1.2.3. Sandbox und Datenaustausch

Einmal gestartet, wird einer Android-Anwendung eine recht exklusive Behandlung zuteil, die folgendes beinhaltet:

- Einen eigenen Prozess, welcher vom Systemprogramm zygote zugeteilt wird und ebenso die Prozess-eigene Dalvik Virtual Machine beinhaltet.
- Einen eigenen Betriebssytem-User. Dieses Vorgehen ist bereits aus dem komplexen Berechtigungskonzept der Linux-Welt bekannt.[2]
- Einen eigenen, abgeschotteten Bereich im Hauptspeicher des Gerätes, den sogenannten Heap.
- Einen eigenen, abgeschotteten Bereich im Dateisystem des Gerätes.

Diese nahezu vollständige Separierung der Anwendung, auch als *Sandbox*-Prinzip bekannt, erzeugt zwar viel Overhead und entspricht so gar nicht der Ressourcen-Sparsamkeits-Maxime in der mobilen Entwicklung, ermöglicht dafür jedoch eine hohes Sicherheits-Niveau der Anwendungen und insbesondere der Anwendungsdaten. So beendet eine *sterbende*

---

[1] Siehe Kapitel 3.1.5.3.3.2
[2] Vgl. Becker, Arno / Pant, Marcus: Android 2, 2010, S.27

Anwendung zum einen nur den eigenen Prozess, ohne dabei andere laufende Prozesse in Mitleidenschaft zu ziehen, und zum anderen wird der unerlaubte externe Zugriff auf den internen Speicherbereich bzw. auf die internen Daten einer Anwendung unterbunden. Der Zugriff auf, bzw. der Austausch von Anwendungseigenen Daten erfolgt über ein explizites Berechtigungssystem. Derzeit existieren drei Wege, um Daten für externe Anwendungen zur Verfügung zu stellen.

Zum Ersten können Daten natürlich explizit in einem Bereich abgelegt werden, auf welchen jede Anwendung bzw. jeder Prozess Zugriff hat. Dies ist zum Beispiel bei externen Speichermedien, wie SD-Karten der Fall.

Die zweite Möglichkeit liegt in der Deklaration und Vergabe einer sogenannten *sharedUserID*. Anwendungen mit derselben sharedUserID laufen im selben Prozess, unter demselben Betriebssystem-User in derselben DVM, also in ein und derselben Sandbox. Sie können entsprechend auf den gemeinsamen, internen Speicherbereich zugreifen und so Daten untereinander austauschen. Die sharedUserID wird in den jeweiligen *Manifest*-Dateien[1] der zugehörigen Anwendungen deklariert. Im folgenden Programmcode ist dies beispielhaft skizziert.

```
<manifest
    package="de.fhwedel.androidapp"
    android:sharedUserId="de.fhwedel">
…
</manifest>
```

Diese Anwendungen müssen zusätzlich vom selben Hersteller zertifiziert worden sein. So wird verhindert, dass mittels gestohlener sharedUserID, private Daten durch eine externe Anwendung ausgespäht werden können.

Die dritte Möglichkeit besteht in der Bereitstellung eines sogenannten *Content Providers*. Ein Content Provider ist eine der Grundkomponenten des Android Frameworks und wird in einem der folgenden Kapitel noch näher untersucht werden.[2] Der Content Provider stellt auf Anfrage, eine bestimmte, vom Programmierer vorab selbst definierte Menge von Daten zur Verfügung. Systemeigene Content Provider stellen beispielsweise die Inhalte der

---

[1] Siehe Kapitel 3.1.5.5
[2] Siehe Kapitel 3.1.5.4

Kontakte- oder der Terminkalender-Anwendung zur Verfügung. Die Deklaration des Content Providers findet ebenfalls in der Manifest-Datei der entsprechenden Anwendung statt. Die Implementierung erfolgt durch den Anwendungs-Entwickler als eigenständige Java-Klasse.

3.1.3. Entwicklungsumgebung und -Werkzeuge

Obwohl theoretisch jede integrierte Entwicklungsumgebung für die Android-Entwicklung verwendet werden kann solange sie nur Java unterstützt, ist es ratsam, das von Google empfohlene und offiziell unterstützte *Eclipse* zu nutzen. Die quelloffene Eclipse IDE wurde im Jahre 2001 ursprünglich für die Java-Programmierung entwickelt, unterstützt aber mittlerweile, dank der Erweiterbarkeit über Plug-Ins, eine Vielzahl von weiteren Programmiersprachen. Eclipse erfreut sich unter Java-Programmierern einer hohen Beliebtheit und verfügt über einen enormen Funktionsumfang, der hier nicht bis ins Detail erläutert werden soll.

Weiterhin wird für die Entwicklung von Android-Apps natürlich das *Android Software Development Kit*[1] benötigt. Im Lieferumfang des SDK enthalten ist das *„SDK and AVD (Android Virtual Devices) Manager"*-Tool, mit dessen Hilfe es möglich ist, das SDK laufend um neue Komponenten oder Dokumentationen zu erweitern. Hier lassen sich beispielsweise bequem neuere Versionen des SDKs, die Google Maps APIs oder ein vorkonfigurierter Emulator für das Samsung Galaxy Tab beziehen. Weitere Tools, die mit dem SDK mitgeliefert und im Laufe der Anwendungs-Entwicklung häufig eingesetzt werden:

- *Dalvik Debug Monitor Server (ddms)*: Ermöglicht das Debuggen einer Android-Anwendung.
- *Android Emulator (emulator)*: Emuliert eine „echte" Android Laufzeit-Umgebung. Die Rahmenbedingungen der Laufzeit-Umgebung lassen sich individuell konfigurieren und abspeichern.
- *Android Debug Brigde (adb)*: Ein vielseitiges Kommandozeilen-Tool, welches die Verbindung zu einem Android-Gerät oder dem Emulator herstellt und kontrolliert.
- *Logcat*: Teil des adb-Tools zur Übertragung von Systemmeldungen des Gerätes oder Emulators im Debug-Modus.

---

[1] Kostenlos auf Googles Android Developer Webseite erhältlich.

- *Android Asset Packaging Tool (aapt)*: Dieses Tool wird unter anderem während des Build-Prozesses automatisch eingesetzt, um die vollständige Installationsdatei einer Anwendung zu erstellen: *.apk.
- *dx*: Dieses Tool wird ebenfalls im Build-Prozess automatisch eingesetzt um die Java-Klassen in dex-Bytecode umzuschreiben.

Sofern Teile eines Apps in nativen C/C++ Code verfasst werden sollen, muss auch das *Native Development Kit*[1] bezogen werden. Das NDK kann nur in Verbindung mit dem SDK eingesetzt werden, so dass es nicht möglich ist eine Android-Anwendung ausschließlich in nativer Sprache zu verfassen. Google weist darauf hin, dass eine Verwendung von nativem Code nicht immer zu einer Performanz-Steigerung führen muss, aber in jedem Fall in eine Komplexitäts-Steigerung der Anwendung resultiert.[2]

Um mit dem Android SDK, Anwendungen in Eclipse entwickeln zu können werden noch die *Android Development Tools*, kurz ADT, benötigt. ADT ist als plug-in für Eclipse erhältlich und ermöglicht neben der bequemen Erstellung von Android-Projekten, außerdem das Designen einer grafischen Benutzeroberfläche mittels eines Editors, das Debuggen zur Laufzeit unter Zuhilfenahme der SDK Tools, sowie den Zertifizierungs- und Distributionsprozess für das auszuliefernde App.

Um ein Android-Projekt unter Windows auf einem Hardware-Gerät testen zu können, wird außerdem noch ein entsprechender USB-Treiber für das Gerät benötigt. Dieser ist bei dem jeweiligen Hersteller erhältlich.

3.1.3.1. Werkzeuge für das GUI-Design

Der grafische Oberflächen-Editor für Android-Anwendungen wird mit den Android Development Tools mitgeliefert und direkt in die Entwicklungsumgebung von Eclipse integriert.

Die Bearbeitungsfläche zeigt einen Screen der Anwendung an, wie ihn in etwa der Benutzer auf dem physischen Gerät präsentiert bekommt. Aus der umfangreichen *Library/Palette* im linken Bereich lassen sich alle typischen GUI-Elemente des Android-Frameworks, wie Textfelder, Eingabefelder, Image-Views, Buttons und so weiter, per Drag and Drop in den

---

[1] Ebenfalls kostenlos auf Googles Android Developer Webseite erhältlich.
[2] Vgl. o.V.: Android Developers, NDK, 2011

Screen hinein platzieren. Im rechten Bereich wird standardgemäß die Layout-Struktur bzw. die View-Hierarchie des aktuellen Screens angezeigt. Oberhalb der Bearbeitungsfläche lassen sich dann noch Einstellungen vornehmen, um unterschiedliche Display-Größen/-Auflösungen, Plattform-Versionen und Systemeinstellungen zu simulieren. Des Weiteren lassen sich per Rechtsklick auf die eingepflegten GUI-Elemente, die spezifischen Eigenschaften, wie etwa Größe, Füllung, Schriftfarbe und so weiter, anzeigen und modifizieren.

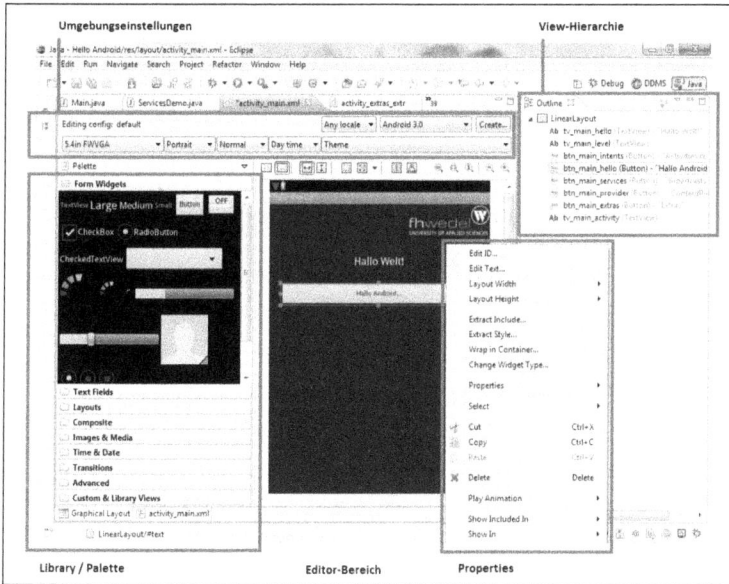

Abb. 6: Integrierter Oberflächen-Editor für Eclipse; eigene Darstellung

Anders als bei eigenständigen Oberflächen-Gestaltungs-Tools, wie etwa denen für iOS und Windows Phone, ist der integrierte Editor für Android-Oberflächen etwas behäbig und umständlich in der Bedienung. Nicht immer lassen sich GUI-Elemente bequem in die gewünschte Position und Darstellungsform bringen. In vielen Fällen ist der Designer besser beraten, manuelle Anpassungen im zugehörigen XML-Code vorzunehmen oder den Layout-Entwurf gar vollständig in Code-Form anzulegen.

Auch wenn eine Vielzahl von Anzeigemodi für die Vorab-Betrachtung des Layouts zur Verfügung stehen, so kann der Designer sich nie hundertprozentig sicher sein, dass sein

53

Layout auf der Vielzahl der unterschiedlichen, physischen Android-Geräte, auch tatsächlich so angezeigt wird wie er es vorgesehen hat.

Es lässt sich jedoch positiv anmerken, dass in zeitlich kurzen Abständen immer wieder Updates der Android Development Tools und damit auch Verbesserungen für den grafischen Oberflächen-Editor herausgegeben werden. So wurde erst im Juni dieses Jahres ein Update veröffentlicht, welches beispielsweise den Einsatz von eigenen View-Elementen oder das Gruppieren von mehreren View-Elementen ermöglicht. Funktionalitäten, welche die Arbeit mit dem Editor doch erheblich erleichtern.

Dem Android-Designer steht es zudem frei, Drittanbieter-Design-Tools zu verwenden. An dieser Stelle sei zum Beispiel das *DroidDraw*-Tool genannt, welches sich, dank des Einsatzes von Java-Applets, online nutzen lässt.

Weitere Grafik-Werkzeuge, die im Android SDK mitgeliefert werden sind:

- *Hierarchy Viewer*: Ermöglicht die visuelle Darstellung der View-Hierarchie einer Activity bzw. des Layouts einer Activity. Ebenso können hier die Eigenschaften einzelner Views untersucht und das grafische Ergebnis des Layouts mit beliebiger Vergrößerung erzeugt werden.
- *Draw-9-patch:* Für die Erzeugung einer sogenannten NinePatch-Grafik, die nur in bestimmten Pixel-Bereichen automatisch skaliert. Die Hintergrund-Grafik der Demo-Applikation ist beispielsweise eine NinePatch-Grafik. Nur der Bereich außerhalb des Logos wird auf die verwendete Display-Größe skaliert. Außerdem kann mittels Draw-9-patch festgelegt werden, in welchen Bereichen der Grafik Content gezeichnet werden darf. So können ungünstige Überlagerungen verhindert werden, ohne dass Margin- oder Padding-Angaben für den Content-Bereich eingesetzt werden müssen.

3.1.3.2. Debugger und Emulator

Das bereits kennengelernte Tool *SDK and AVD Manager*, welches für das Updaten des SDKs und aller assoziierten Komponenten benötigt wird, beherbergt außerdem die Funktionen zur Konfiguration und Inbetriebnahme eines oder mehrerer *QEMU*-basierten Emulatoren (*Android Virtual Devices*).

Ein Emulator kann anhand eines vorkonfigurierten *AVD*-Pakets neu erstellt werden. So lässt sich über den *SDK and AVD Manager* bereits ein offizielles AVD-Paket für das Samsung Galaxy Tab beziehen, welches dahingehend konfiguriert wurde, dass es dem physischen Gerät so weit wie möglich gleicht. Ein weiterer Weg führt über die Neuerstellung anhand von manuellen Konfigurationen. So können neben der Version des zu emulierenden Betriebssystems, Parameter wie die Größe der Speicherkarte, die Größe des RAMs, Display-Auflösung oder die Aktivierung der GPS-Emulation eingestellt werden.

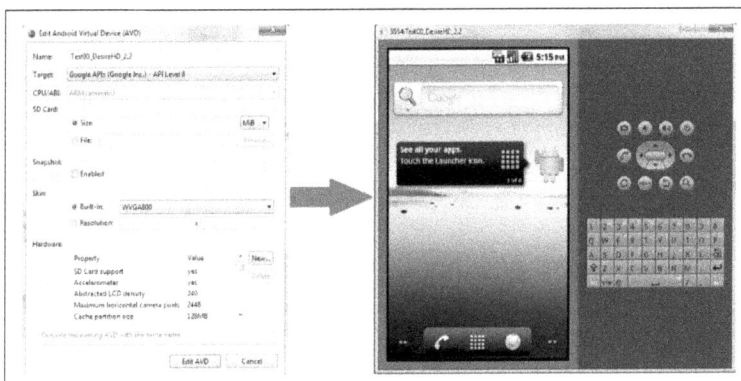

Abb. 7: Android Emulator-Konfiguration und -Oberfläche; eigene Darstellung

Die Verbindung zum Emulator wird, genauso wie die Verbindung zu einem über USB angeschlossenem physischen Gerät, von dem Tool *android debug bridge*, kurz *adb*, hergestellt und überwacht. Jede Form der Kommunikation zwischen Emulator und dem Desktop-System wird über adb automatisch realisiert.

Diesen Umstand nutzt auch das Tool *Dalvik Debug Monitor Server*, kurz *DDMS*, welches das primäre Tool zum Debuggen von Android-Anwendungen darstellt. DDMS verfügt über eine grafische Benutzeroberfläche, welche direkt in Eclipse integriert ist. Die folgende Abbildung zeigt die DDMS-Perspektive in der Eclipse IDE.[1]

---

[1] Wenn nicht schon geschehen, kann die DDMS-Perspektive über *Window→Open Perspective →Other...* geöffnet werden.

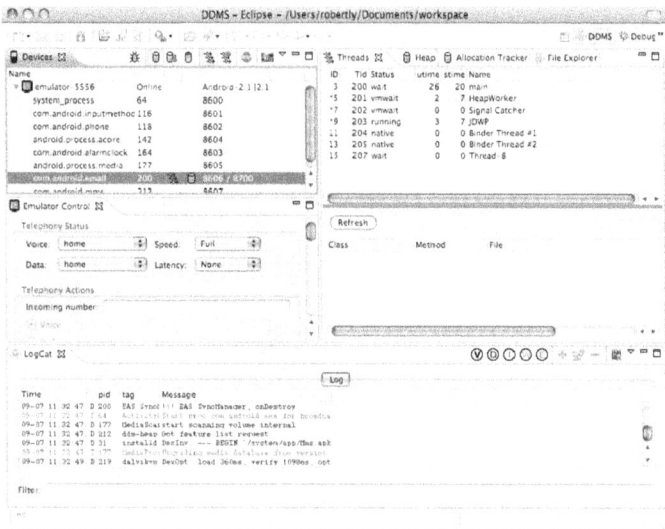

Abb. 8: DDMS-Perspektive in Eclipse; eigene Darstellung

Im Devices-Bereich der DDMS-Perspektive sind die aktuell aktiven Geräte und Emulatoren, sowie ihre laufenden Prozesse angezeigt. Im Bereich rechts können unter anderem die zugehörigen Threads und der Heap analysiert werden. Des Weiteren bietet die DDMS-Perspektive einen *File Explorer* der sich auch dazu nutzen lässt, Dateien vom und zum Gerät zu kopieren.[1]

Der Bereich *Emulator Control* wird dazu verwendet, um Anrufe, SMS-Nachrichten und sogar GPS-Positionsdaten zu simulieren, welche über adb an den Emulator gesendet werden.

Im untersten Bereich befinden sich die Ansichten für die Debug-Ausgabe. Hier sollte auch die *Log Catalog-*, oder kurz *LogCat*-Ansicht, zu finden sein.[2] In der LogCat-Ansicht werden alle Status-Meldungen des angeschlossenen Systems ausgegeben. Um eigene

---

[1] Für den Zugriff auf geschützte Dateien/Verzeichnisse, wie z.B. /data/data/ muss das angeschlossene Gerät ggf. „gerootet" werden.
[2] Wenn nicht schon geschehen, kann die LogCat-Ansicht über *Window →Show View →Other... →Android →LogCat* geöffnet werden.

Statusmeldungen ausgeben zu lassen, empfiehlt sich der Einsatz des Log() -Befehls.[1]

Die aus dem Umgang mit IDEs bekannten Debug-Techniken, wie das Setzen von Breakpoints, das Inspizieren von Variablen-Inhalten oder die Schritt-für-Schritt Ausführung von Programmcode, sind durch die Eclipse-Standardfunktionen abgedeckt.

Neben den bereits genannten Tools, liefert das SDK noch das *TraceView*-Werkzeug mit. TraceView ist ein Tool zur *Performance*-Messung. Es erzeugt eine grafische Zeitleiste, anhand derer gezeigt wird, wann welche Methodenaufrufe in welchen Threads/Prozessen erfolgt sind und wie lange diese zur Abarbeitung gebraucht haben.

Da der vollständige Source-Code aller Android-Pakete nicht im SDK enthalten ist, können beim Debuggen von Anwendungen Fehlermeldungen der Form *„Source not found"* bzw. *„android.jar has no source attachment"* auftreten. Um den Quellcode verfügbar zu machen, existieren eine Vielzahl von Anleitungen im Web. Zu empfehlen ist insbesondere die Vorgehensweise, die Sayed Hashimi in seinem Buch *Pro Android 3* beschreibt.[2]

3.1.4. Aufbau eines Android-Projekts

Nachdem alle Voraussetzungen für die Entwicklung einer Android-Anwendung geschaffen worden sind, kann ein Android-Projekt in Eclipse mit Hilfe des mit den *Android Development Tools* mitgelieferten *Project-Wizards* erstellt werden. Bei der Erstellung des Projektes muss zunächst ausgewählt werden, welche Version der Android-API mindestens unterstützt werden soll. Für die Demo-Anwendung wurde die API-Version 8 bzw. Android 2.2 gewählt.[3] Neben einer Bezeichnung für das Android-Projekt werden außerdem noch der Paketname sowie optional der Name für die Einstiegs-Activity angegeben. In der Regel bietet jede Anwendung eine grafische Benutzeroberfläche an, so dass jede Anwendung entsprechend mindestens eine Activity, die Einstiegs-Activity, implementieren muss

---

[1] Anm.: Log.d() für Debug-, Log.e() für Fehler-, Log.i() für Info-Meldungen.
[2] Siehe Hashimi, Sayed: Pro Android 3, 2011
[3] Um Google Maps Funktionalitäten in der Anwendung zu gewährleisten, müsste stattdessen die Google API der Version 8 gewählt werden, welche das Android-Paket um die notwendigen Schnittstellen erweitert.

New Android Project

New Android Project
A project with that name already exists in the workspace

Project name: Hello Android

Contents
- Create new project in workspace
- Create project from existing source
- [x] Use default location

Location: L:/Developing/Hello Android   Browse...

- Create project from existing sample

Samples: ApiDemos

Build Target

Target Name	Vendor	Platform	API L...
Android 2.1-update1	Android Open Source Project	2.1-update1	7
Google APIs	Google Inc.	2.1-update1	7
[x] Android 2.2	Android Open Source Project	2.2	8
Google APIs	Google Inc.	2.2	8
GALAXY Tab Addon	Samsung Electronics Co., Ltd.	2.2	8
Android 2.3.1	Android Open Source Project	2.3.1	9
Google APIs	Google Inc.	2.3.1	9
EDK	Sony Ericsson Mobile Communications ...	2.3.1	9
Android 2.3.3	Android Open Source Project	2.3.3	10
Google APIs	Google Inc.	2.3.3	10

Standard Android platform 2.2

Properties
Application name: Hello Android

Package name: de.fhwedel.androidapp

[x] Create Activity: Main

Min SDK Version: 8

< Back   Next >   Finish   Cancel

Abb. 9: Anlegen eines Android-Projektes; eigene Darstellung

Die für ein vollständiges Android-Projekt mindestens benötigte Projekt-Struktur, wird mit Hilfe des ADT-Plugins automatisch hergestellt. Alle beinhalteten Verzeichnisse und Dateien sind in der folgenden tabellarischen Aufstellung kurz erläutert.

Verzeichnis / Datei	Beschreibung
/src/	Dieses Verzeichnis beinhaltet den kompletten Java-Quellcode der Anwendung, also alle *.java Dateien.
/assets/	Hier können externe Dateien, wie Grafik- oder Audio-Ressourcen abgespeichert werden. Die hier abgelegten Dateien werden während des Build-Prozesses nicht berührt. Der programmatische Zugriff erfolgt mittels der AssetManager-Klasse.
/res/	In diesem Verzeichnis werden alle XML-Ressourcen für die Oberflächen-Gestaltung abgelegt. Die Ressourcen werden während des Build-Prozesses vom Tool aapt in ein binäres Format umgewandelt, komprimiert, indexiert und der Gesamt-Anwendung hinzugefügt.[1] Der programmatische Zugriff erfolgt über die Klasse R und wird weiter unten näher erläutert.
/gen/	Im /gen/ Verzeichnis befindet sich die R.java Datei. Die R-Klasse ist sozusagen das Inhaltsverzeichnis des /res/ Ordners und wird automatisch vom aapt-Tool erstellt. Sie hält den Index einer jeden, vom aapt-Tool gepackten Ressource bereit, so dass ein einfacher programmatischer Zugriff ermöglicht werden kann. Nach jeder Änderung im Verzeichnis /res/ wird R.java von aapt neu erstellt.
/res/anim	Enthält XML-Dateien zur Beschreibung von Animations-Abläufen. (Bei Projektstart noch nicht vorhanden)
/res/drawable	Enthält Grafiken, Logos, Icons und so weiter. Es werden gleich drei Ordner dieser Art für unterschiedliche Pixeldichten des Displays erstellt: ldpi, mdpi und hdpi. Wird die Anwendung auf einem Gerät mit niedriger Pixeldichte ausgeführt, so werden bevorzugt die Grafiken aus dem Ordner /drawable-ldpi/ geladen. Es können hier auch Ordner für unterschiedliche Displayauflösungen, oder einer Kombination aus beidem, erstellt werden. Zum Beispiel: /drawable-mdpi-800x600/
/res/layout	Enthält XML-Dateien zur Beschreibung und Definition der grafischen Benutzeroberfläche einer Anwendung. Hier werden unter anderem die Layout-Dateien für jede Activity abgelegt.
/res/menu	Enthält XML-Dateien zur Beschreibung und Definition von Menüstrukturen und ihrer grafischen Darstellung. (Bei Projektstart noch nicht vorhanden)
/res/raw	In diesem Ordner werden Binär- und Textdateien abgelegt, die zum Android-Projekt gehören, wie zum Beispiel Musik- oder Video-Dateien.

---

[1] Siehe Abb. 10

	Anders als bei den Dateien im */assets/* Ordner, werden die Dateien hier über die R-Klasse lokalisiert. (Bei Projektstart noch nicht vorhanden)
/res/values	Hier werden alle Arten von Schlüssel-Wert-Definitionen in XML-Dateien abgelegt. Zu Beginn liegt hier nur die Datei *strings.xml*, in welcher der komplette textuelle Inhalt der Anwendung, wie Button-Beschriftungen, Dialog-Inhalte und so weiter, abgespeichert werden sollte.
	Es können Ordner für unterschiedliche Sprachversionen angelegt werden, wie */values-en/* oder */values-fr/*. Dementsprechend kann auch eine *strings.xml*-Datei mit anderssprachigen Inhalten bequem eingebunden werden. Je nach Sprachwahl im Einstellungsmenü des Smartphones, wird der entsprechende values-Ordner bevorzugt eingebunden. Weitere Definitions-Dateien die hier unter anderem abgelegt werden können:
	• *styles.xml*, Sammlung der Style-Definitionen für alle XML-Elemente • *colors.xml*, Definitionen der verwendeten Farben. • *arrays.xml*, Definition von Arrays, z.B. für Auswahllisten-Elemente.
/res/xml	Verzeichnis für weitere XML-Dateien, die zu keinem der anderen Verzeichnisse passen.
/libs/	Hier können zusätzliche Bibliotheken abgelegt werden. (Bei Projektstart noch nicht vorhanden).
android.jar	Enthält die komplette Struktur aller Android-Klassen. Der vollständige Quellcode ist jedoch nicht enthalten und muss separat heruntergeladen und eingebunden werden.[1]
AndroidManifest.xml	Im Android Manifest werden die komplette Anwendung und all ihre enthaltenen Komponenten beschrieben. Es stellt also eine Art Inhalts- und Konfigurationsangabe für die Anwendung dar. Dem Android Manifest ist das Kapitel 963.1.5.5 gewidmet.
default.properties	Diese Datei enthält alle Projektrelevanten Einstellungen und wird automatisch erstellt.
proguard.cfg	Diese Datei enthält alle Konfigurationen für das automatische Code-Verschleierung und -Optimierungstool *ProGuard*. Es wird automatisch erstellt und gewartet.

Tab. 4: Android Projekt Struktur; eigene Darstellung

Die Ressourcen-Dateien werden bereits zur Entwicklungszeit automatisch vom aapt-Tool vorkompiliert und in der R-Klasse indexiert. Die Index-Klasse R ist entsprechend der

---

[1] Siehe Hashimi, Sayed: Pro Android 3, 2011

Verzeichnisstruktur im Ordner */res/* aufgebaut. Sie liefert auf Anfrage die Speicheradresse einer bestimmten Datei im Ressourcen-Paket. Der Speicherort einer beispielhaften MP3-Datei *music.mp3* im Verzeichnis */res/raw/* wird demnach folgendermaßen ermittelt:

```
int res_index = R.raw.music;
```

Die Speicheradresse kann zum Beispiel vom Android *MediaPlayer* dazu genutzt werden, um die hinterlegte Datei abzuspielen:

```
mplay = MediaPlayer.create(this,res_index);
mplay.start();
```

Soll der Inhalt einer Speicheradresse im Ressourcen-Paket direkt ausgelesen werden, so bietet sich die Methode getResources() an:

```
String inhalt = getResources().getString(R.string.inhalt);
```

Die Identifier die in *R.string* enthalten sind, verweisen auf die, in der Datei */res/values/strings.xml* definierten Strings. Häufig Verwendung findet auch das Unterverzeichnis *R.id*. Hier sind alle XML-Elemente indexiert, welche ein Attribut mit dem Namen *id* spezifiziert haben. Über die ID kann später ein programmatischer Zugriff auf das zugehörige Element erfolgen.

Wie bereits gezeigt wurde, wird während des Build-Prozesses der erzeugte Java-Bytecode in DVM-kompatiblen dex-Bytecode umgewandelt. Für diesen Cross-Compiling-Vorgang ist das Tool dx zuständig. Das Tool aapt, welches bereits zur Entwicklungszeit die *R.java* Klasse erzeugt und die zugehörigen Ressourcen-Dateien integriert, wird auch während des Build-Prozesses noch einmal tätig. Es fügt die dex-Datei, die Manifest-Datei und das Ressourcen-Paket zu einer einzigen apk-Datei zusammen, welche auf dem Android-Gerät installierbar ist. Der Cross-Compiling- und der Deployment-Vorgang sind in dem folgenden Schaubild grafisch dargestellt.

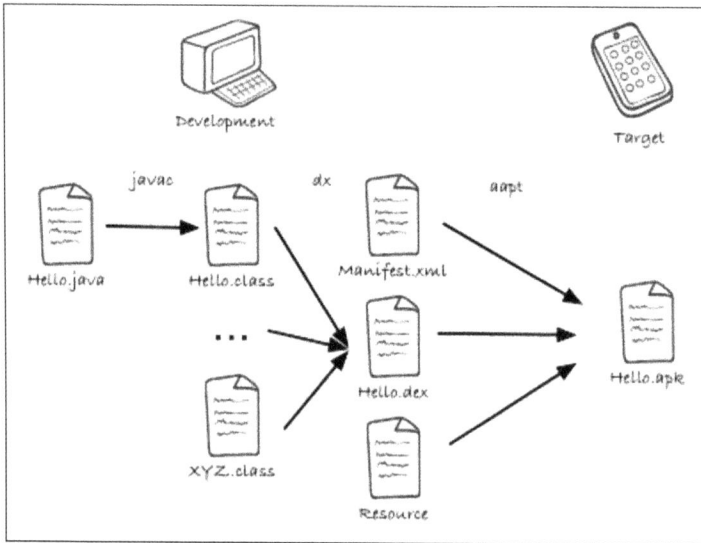

Abb. 10: Cross-Compiling und Deployment; o.v.: Android Wiki-Book, 2011

Die apk-Datei der Anwendung wird in dem geschützten Verzeichnis */data/*[1] und dort im Unterverzeichnis */app/*, im internen Speicher des mobilen Gerätes installiert. Die Anwendungsdaten der App bekommen einen eigenen, vom Zugriff durch andere Anwendungen geschützten Speicherbereich im Verzeichnis */data/data/*.[2]

3.1.5.   Basiskonzepte der Android-Entwicklung

Das Android-Framework ist auf Komponenten-basierte Anwendungsentwicklung ausgerichtet. Es werden vier Grund-Komponenten angeboten aus denen sich jede Android-App zusammensetzen lässt, ohne jedoch dabei alle vier Komponenten enthalten zu müssen. Die Komponenten sind als eigene Java-Klassen implementiert, können jeweils einzeln instanziiert und als Programm-Einstiegspunkte verwendet werden. Es handelt sich um die Klassen *Activity, Service, ContentProvider* und *BroadcastReceiver*. Ein wichtiges Verbindungsstück zwischen diesen Komponenten sind die sogenannten *Intents*. Sie werden benötigt um zwischen den unterschiedlichen Teilen einer Anwendung hin und her zu wechseln. Weiterhin von Bedeutung ist die obligatorische *AndroidManifest.xml* Datei. Sie

---

[1] Um in diesem Verzeichnis browsen zu können, werden *root*-Zugriffsrechte benötigt.
[2] Siehe Kapitel 3.1.2.3

ist sozusagen das Inhaltsverzeichnis der Anwendung und enthält applikationsweite Konfigurations-Parameter. Im Folgenden sollen die zentralen Konzepte des Android-Frameworks näher erläutert werden.

3.1.5.1. Activities

Die wohl wichtigste Rolle im Android-Framework spielt die Activity-Komponente. Sie entspricht im Regelfall genau einem Screen der Anwendung und kann somit alle typischen GUI-Elemente wie Buttons, Textfelder, Eingabefelder, Auswahllisten und so weiter enthalten. Das Layout wird jedoch nicht direkt in der Java-Klasse der Activity , sondern in einer gesonderten XML-Datei definiert, vom aapt-Tool vorkompiliert[1] und anschließend dann in der onCreate() Methode der Activity mittels setContentView() eingebunden.

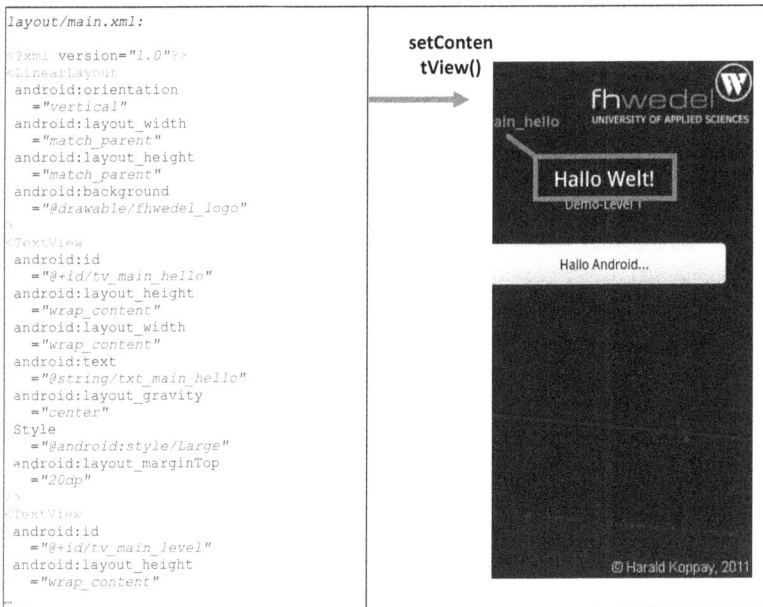

Abb. 11: Einbindung des Layouts in die Main-Activity; eigene Darstellung

Der Zugriff auf die einzelnen GUI-Elemente, in Java repräsentiert durch Objekte vom Typ *View*, erfolgt über deren Attribut *ID*, welches an die Methode findViewById()

---

[1] Siehe auch Kapitel 3.1.4

übergeben wird.[1] Im nachstehenden Auszug aus dem Programmcode der Demo-Anwendung ist das Einbinden des Layouts *res/layout/activity_main.xml* in die *Main*-Activity, sowie der Zugriff auf ein Textlabel bzw. TextView mit der Bezeichnung *tv_main_hello* demonstriert.

```
TextView tv_main_hello;
public void onCreate(Bundle savedInstanceState) {
    setContentView(R.layout.main);
    tv_main_hello = (TextView)findViewById(R.id.tv_main_hello);
... }
private void placeData () {
    tv_main_hello.setText("Hallo "+benutzerAktuell+"!");
... }
```

Die Activity ist verantwortlich für die komplette Programmlogik der betreffenden Bildschirmseite, nimmt also Benutzer-Eingaben entgegen, verarbeitet diese und generiert entsprechende Reaktionen bzw. Ausgaben.

Für das Abfangen der Benutzereingaben können, wie aus der Java-Programmierung gewohnt, *Event-Listener*, zum Beispiel *onButtonClick-Listener* implementiert werden. Der Methoden-Kopf eines solchen, in der Beispiel-Applikation häufig verwendeten *Listeners*, ist nachfolgend kurz skizziert.

```
public void onButtonClick (final View view);
```

Durch Anwendung der Methode getId() auf den übergebenen View und durch Abgleich der ID mit den Einträgen in *R.id*, kann ermittelt werden um welches GUI-Element es sich bei dem Klick-Event gehandelt hat.

Eine App kann mehrere miteinander verknüpfte Screens und somit auch mehrere miteinander verknüpfte Activities beinhalten, welche sich gegenseitig aufrufen können. Der Aufruf einer Activity erfolgt dabei immer mittels eines sogenannten *Intents*. Auf die Intents soll im Kapitel 3.1.5.2 gesondert eingegangen werden.

---

[1] Siehe auch Kapitel 3.1.4

3.1.5.1.1. Zustandssicherung

Bewegt sich eine Activity in den Hintergrund, beispielsweise verursacht durch den Aufruf einer weiteren Activity, so kann sie ohne Vorwarnung vom System beendet werden sobald etwa eine Ressourcenknappheit eintritt.

Android legt alle laufenden Prozesse in einem Stack ab, wobei zuoberst immer der aktuellste Prozess bzw. der Prozess der gerade angezeigten Activity abgelegt wird und sich somit zuunterst die am längsten nicht mehr benötigten Prozesse befinden. Diese werden im Falle der Ressourcenknappheit am ehesten beendet werden, auch wenn der Benutzer sie noch einmal benötigen könnte. Das heißt für den Entwickler, dass Daten bereits in der onPause()-Methode persistent gesichert werden sollten.

Ein weiteres Argument für eine möglichst defensive Sicherungsstrategie liegt darin, dass bei Konfigurationsänderungen am System selbst, jede laufende Anwendung beendet und neu gestartet wird. Eine mögliche Konfigurationsänderung ist beispielsweise durch den Wechsel des Anzeigeformats von der Hochkant- in die Horizontal-Perspektive gegeben oder durch die Umstellung der Systemsprache von Deutsch auf Englisch. Der erzwungene Neustart der Anwendung hat den Zweck, dass die konfigurationsspezifischen Einstellungen der Anwendung geladen werden können, wie etwa das Layout für die Horizontal-Ansicht oder die *strings.xml* Datei aus dem Ordner */res/values-en/* für die englische Sprachversion - sofern diese Ressourcen überhaupt vorliegen.

Für die manuelle Speicherung des aktuellen Zustandes der Activity eignet sich die *Preferences*-Datei der Anwendung, welche sich im anwendungseigenen Dateisystem befindet.[1] Zwar impliziert der Name bereits, dass diese Datei eigentlich nur für die Speicherung von Anwendungs-Einstellungen herangezogen werden sollte, jedoch ist es, auf Grund der Einfachheit in der Realisierung und der hohen Performanz in der Ausführung, nicht unüblich, in dieser Datei den aktuellen Anwendungs-Zustand zu „retten".[2] Über die Methode getSharedPreferences() wird ein Objekt von Typ *SharedPreferences* mit einer Referenz auf diese Datei erstellt. In diesem Objekt können dann mittels SharedPreferences.Editor alle kritischen Zustands-Daten in Form von Schlüssel-Wert Paaren hinterlegt und durch ein commit() persistent in der Preferences-Datei gespeichert

---

[1] /data/data/de.fhwedel.androidapp/shared_prefs/de.fhwedel.androidapp_preferences.xml
[2] Vgl. Becker, Arno / Pant, Marcus: Android 2, 2010, S.130

werden. Die Zustands-Daten sollten dann sinnvollerweise in der `onResume()` Methode wieder ausgelesen werden. Im Folgenden Beispiel-Code der Demo-App ist dies anhand der Speicherung bzw. des Auslesens der Variablen `demoLevel` demonstriert.

```
protected void onPause() {
    SharedPreferences prefs = getSharedPreferences
        (MAIN_PACKAGE_NAME+"_preferences", MODE_PRIVATE);
    SharedPreferences.Editor editor = prefs.edit();
    editor.putInt("level", demoLevel);
    editor.commit();
… }
protected void onResume() {
    SharedPreferences prefs = getSharedPreferences
        (MAIN_PACKAGE_NAME+"_preferences", MODE_PRIVATE);
    demoLevel = mPreferences.getInt("level", 1);
… }
```

Android ruft von Haus aus zwei Methoden zur automatischen Speicherung und Wiederherstellung des Anwendungs-Zustands auf, `onSaveInstanceState()` und `onRestoreInstanceState()`. Die Speicherung erfolgt in einem Bundle-Objekt namens `savedInstanceState`, welches der `onCreate()`-Methode beim Start der Activity vom System als Parameter übergeben wird und aus welchem das System den Zustand in der Methode `onRestoreInstanceState()` wieder zurückliest. Auf die Ausführung von `onSaveInstanceState()` sollte sich der Entwickler jedoch nicht verlassen, da diese Methode immer nur dann aufgerufen wird, wenn der Prozess kurz vor der automatischen Beendigung durch das Betriebssystem steht, was im Umkehrschluss aber bedeutet, dass der Aufruf nicht erfolgt, wenn der Benutzer die Anwendung bewusst verlässt, beispielsweise durch die Betätigung der Zurück-Navigationstaste am Smartphone. Zum anderen werden lediglich die Status der View-Elemente der Activity automatisch gespeichert und zwar nur von denen, die über ein *ID*-Attribut verfügen. Die Status von *ID-losen* View-Elementen und weitere Anwendungs-Daten müssen weiterhin manuell gespeichert werden.

3.1.5.1.2. Menüs

Eine weitere Aufgabe der Activity besteht in der Bereitstellung aller erforderlichen Menüs für den entsprechenden Screen. Die Menüs sollen im Folgenden genauer betrachtet werden.

3.1.5.1.2.1. Optionen-Menü

Das wichtigste Menü einer Anwendung bzw. einer Activity ist das Optionen-Menü, welches über die Menü-Navigationstaste des Smartphones geöffnet wird. Über dieses Menü sollten die grundsätzlichen Benutzer-Einstellungen für die Anwendung erreichbar sein.

Das *OptionsMenu* wird einmalig und zum Zeitpunkt des ersten Gebrauchs, also bei der ersten Betätigung der Menü-Navigationstaste, in der Methode `onCreateOptionsMenu()` aufgebaut. Das Android-Framework stellt eine Convenience-Methode für die komfortable Erstellung eines Menüs bereit, den sogenannten *MenuInflater*. Dieser findet auch in der Demo-Applikation Verwendung.

Die Struktur eines Menüs wird in einer XML-Datei definiert und mittels des *MenuInflaters* eingebunden. Der nachfolgende Code-Auszug und die Abb.12 demonstrieren diesen Vorgang anhand des Hauptmenüs im *Main*-Screen der Beispiel-Anwendung. Die Menü-Struktur hierfür wurde in der XML-Datei *res/menu/menu_main.xml* definiert.

```
public boolean onCreateOptionsMenu(Menu menu) {
    getMenuInflater().inflate(R.menu.main_menue, menu);
    … }
```

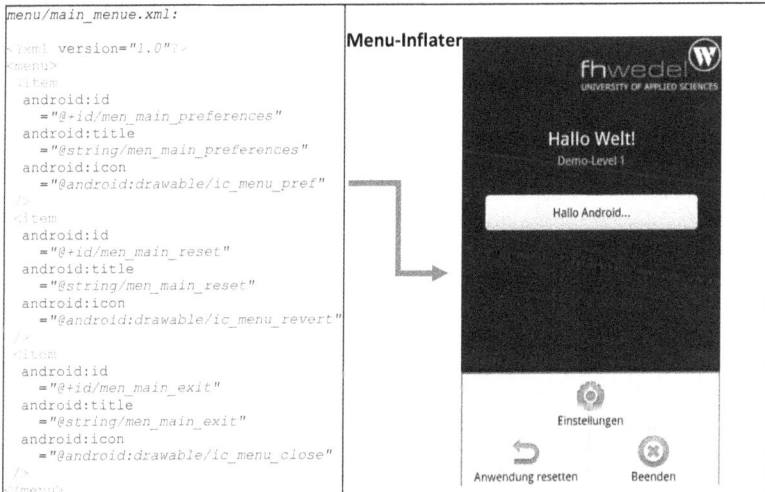

Abb. 12: Laden einer Menü-Struktur mit dem MenuInflater; eigene Darstellung

Der Klick auf einen Menüpunkt wird durch die Methode `onMenuItemSelected()` abgefangen.

3.1.5.1.2.2. Kontext-Menü

Eine weitere wichtige Menü-Art, die Android anbietet, ist das Kontextmenü. Sofern es für ein bestimmtes GUI-Element implementiert wurde, kann es durch ein längeres „Drücken" des Elementes aufgerufen werden. Das Kontextmenü sollte Einstellungen beinhalten, die ausschließlich das zugehörige Element betreffen.

Das Kontext-Menü wird, analog zum Vorgehen beim Optionen-Menü, mit dem *MenuInflater* erstellt. Ein Unterschied zum Optionen-Menü besteht darin, dass es nicht nur einmalig zu Beginn, sondern jedesmal bei Gebrauch neu erstellt wird. Die Methode dafür lautet `onCreateContextMenu()` und für die Auswertung einer Auswahl `onContextItemSelected()`. Um ein GUI-Element mit einem Kontext-Menü auszustatten, genügt ein einfacher Aufruf der Methode `registerForContextMenu()`, welche den betreffenden View als Parameter übergeben bekommt. In der *ServicesDemo*-Activity werden beispielsweise TextViews für ein Kontext-Menü registriert:

```
TextView txt_services_bcheader;
registerForContextMenu(txt_services_bcheader);
```

3.1.5.1.3. Spezielle Activities

Von der Basis-Klasse *android.app.Activity* erben einige Unterklassen, welche die Activity-Funktionalitäten für spezielle Einsatzbereiche erweitern. Darunter gehören beispielsweise die *AccountAuthenticatorActivity*, die *ListActivity*, die *TabActivity* oder die *PreferenceActivity*.

Da die Klassen *ListActivity* und *PreferenceActivity* in der Beispiel-Anwendung Verwendung finden, sollen sie im Folgenden kurz vorgestellt werden.

3.1.5.1.3.1. ListActivity

Der primäre Einsatzbereich einer ListActivity liegt in der listenförmigen Darstellung von Datenmengen, sowie in der Verarbeitung von Benutzer-Interaktionen in Bezug auf die dargestellten Datensätze.

Für ersteren Zweck beinhaltet sie, anders als die Klasse Activity, bereits von Haus aus ein eigenes Basis-Layout. Dieses Layout enthält als Wurzelknoten ein *ListView*-Element mit der obligatorischen ID „*@android:id/list*". Das ListView-Element sorgt für die listenförmige Präsentation von übergebenen Datensätzen. Die Datensätze erhält sie, dank der festgelegten ID, automatisch durch den Methodenaufruf `setListAdapter()` im Programmcode der ListActivity-Klasse. Der Methode `setListAdapter()` wird als Parameter die darzustellende Datenmenge übergeben. Wie dies genau funktioniert wird in Kapitel 3.1.5.4.2 über *ContentProvider* und Adapter erklärt, respektive in der *ContentProviderDemo*-Activity der Beispiel-Anwendung gezeigt. An dieser Stelle genügt es zu wissen, dass die Daten zum Beispiel Inhalte aus Datenbank-Tabellen sein können.

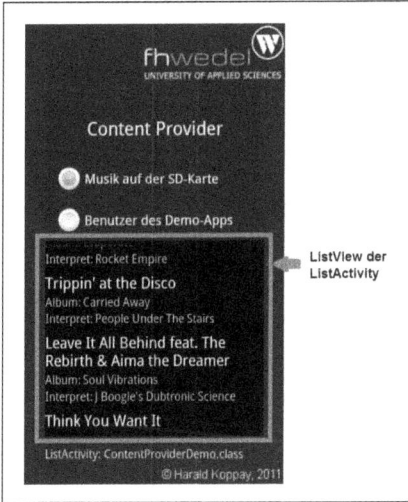

Abb. 13: ListActivity mit ListView; eigene Darstellung

Neben der Erweiterung der Basis-Klasse Activity um Funktionalitäten zur Darstellung von Listen, bieten ListActivities außerdem noch Callback-Methoden für die Auswertung von Klick-Ereignissen auf Listen-Elementen an. Diese liefern die Position des gewählten Elements in der dargestellten Liste, sowie den Indexwert in der übergebenen Datenmenge, so dass jeder anschließende Zugriff auf den Datensatz in der zugrundeliegenden Persistenz-Schicht erleichtert wird.

3.1.5.1.3.2. PreferenceActivity

Die PreferenceActivity ist wiederum eine Unterklasse der ListActivity, also ebenfalls auf Listendarstellung bedacht. Die Elemente der Liste einer PreferenceActivity sind vom Typ *Preference*. Wie der Bezeichner bereits impliziert, ist das Preference-Objekt dazu bestimmt, Anwendungseinstellungen zu verwalten. Diese sind in der *_preferences*-Datei des internen Speicherbereichs in Form von Schlüssel-Wert-Paaren hinterlegt. In Kapitel 3.1.5.1.1 wurde im Zusammenhang mit der Sicherung des Anwendungszustandes bereits gezeigt, wie diese Schlüssel-Wert-Paare manuell hinzugefügt und wieder ausgelesen werden können. Die mittels einer grafischen Benutzeroberfläche, komfortable Bereitstellung der Einstellungsparameter einer Anwendung sowie deren automatische Speicherung, sind der primäre Anwendungszweck einer PreferenceActivity.

Die Elemente, die in der Listendarstellung der PreferenceActivity erscheinen sollen, werden in einer XML-Datei definiert. Die Elemente können entweder vom Typ Preference sein, oder vom Typ einer Unterklasse:

- *CheckboxPreference*, für Einstellungsparameter, die durch den Datentyp Boolean abgebildet werden können (ja/nein-Einstellungen).
- *EditTextPreference*, für textuelle Einstellungsparameter, wie zum Beispiel ein Benutzername.
- *ListPreference*, für Einstellungsparameter mit mehreren Optionen, wie zum Beispiel Hintergrundfarbe der Anwendung oder Schriftgröße der Schaltflächen.
- *RingtonePreference*, zur Auswahl von akustischen Signalen, zum Beispiel Tastentöne der Schaltflächen.

Preference-Elemente der XML-Datei erhalten das Attribut *key,* welches die Bezeichnung des Schlüssels der, in der *_preferences*-Datei zu speichernden Einstellung festlegt. Das Auslesen und Schreiben der Schlüssel-Wert-Paare in die *_preferences*-Datei erledigt die PreferenceActivity automatisch.

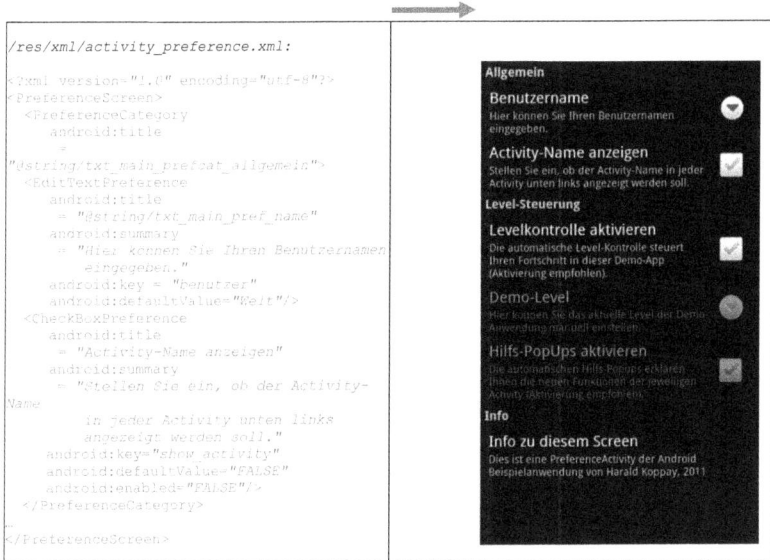

```
/res/xml/activity_preference.xml:

<?xml version="1.0" encoding="utf-8"?>
<PreferenceScreen>
  <PreferenceCategory
    android:title
      =
"@string/txt_main_prefcat_allgemein">
    <EditTextPreference
      android:title
        = "@string/txt_main_pref_name"
      android:summary
        = "Hier können Sie Ihren Benutzernamen
          eingegeben."
      android:key = "benutzer"
      android:defaultValue="Welt"/>
    <CheckBoxPreference
      android:title
        = "Activity-Name anzeigen"
      android:summary
        = "Stellen Sie ein, ob der Activity-
Name
          in jeder Activity unten links
          angezeigt werden soll."
      android:key="show_activity"
      android:defaultValue="FALSE"
      android:enabled="FALSE"/>
  </PreferenceCategory>

</PreferenceScreen>
```

Abb. 14: XML-Definition der PreferenceActivity-Elemente; eigene Darstellung

In der Beispiel-Anwendung wird der Funktionsumfang der PreferenceActivity durch die konkrete Preferences-Klasse demonstriert. Die Elemente für die Listendarstellung und den Zugriff auf die gespeicherten Anwendungseinstellungen, sind in /res/xml/activity_preferences.xml definiert.

3.1.5.1.4. Exkurs: Benachrichtigungen

Kein direkter Bestandteil von Activities, sondern auch unabhängig von ihnen nutzbar, sind die Benachrichtigungskonzepte von Android. Benachrichtigungen unter Android sind nicht als eigenständige Komponenten zu verstehen. Es sind Ausgaben, die zeitlich und räumlich begrenzt in den Vordergrund treten und eine Reaktion vom Benutzer erfordern können.

In der Beispiel-Anwendung kommen zwei bestimmte Benachrichtigungskonzepte vermehrt zum Einsatz, weshalb sie hier kurz vorgestellt werden sollen: Toasts und AlertDialogs.

3.1.5.1.4.1. Toasts

Toasts sind sozusagen Pop-Ups, welche lediglich eine textuelle Mitteilung enthalten und

71

nach einer bestimmten Zeitspanne wieder von selbst verschwinden. Toasts erhalten niemals den Fokus. Wird ein Toast ausgegeben, während der Anwender gerade eine Eingabe tätigt, so wird der Eingabe-Vorgang also nicht unterbrochen.

Abb. 15: Toast-Benachrichtigung; eigene Darstellung

Um einen Toast zu erstellen wird in der Regel nur eine Zeile Code benötigt. Die in der Abbildung 15 zu sehende Ausgabe wird durch folgenden Code der Demo-Anwendung erzeugt:

```
Toast.makeText(this,
    "Benutzer" + benutzerAktuell + " durch Benutzer "
    + benutzer + " ausgetauscht!", Toast.LENGTH_LONG)
    .show();
```

3.1.5.1.4.2. AlertDialogs

AlertDialogs sind Dialogfenster, die üblicherweise einen Titel, eine textuelle Mitteilung und mindestens einen Button für die Benutzer-Interaktion beinhalten. Android bietet für die bequeme Erstellung eines AlertDialogs, eine eingebettete Klasse *AlertDialog.Builder* an. Mit dem Builder lassen sich vollständige Dialoge, durch verkettete Methodenaufrufe sukzessive erstellen und mittels show() ausgeben:

```
builder.setTitle(…).setMessage(…).setIcon(…)
```

```
.setPositiveButton(…).setNegativeButton(…).show();
```

Der Builder erlaubt es darüber hinaus, statt einer String-Message, ein komplettes, in XML definiertes Layout, samt Inhalt, auszugeben. Die Demo-App bedient sich dieser Möglichkeit, um beispielsweise die Dialoge zu erstellen, die nach einem Klick auf den *Hallo Android* Button angezeigt werden.

```
Builder builder = new Builder(this);
builder.setTitle(R.string.txt_main_dialog_title)
    .setView(getLayoutInflater()
    .inflate(R.layout.dialog_hello, null));
```

Das verwendete Layout wird mit Hilfe eines *LayoutInflaters* aufgebaut. Das entsprechende Vorgehen ist bereits aus dem Kapitel 3.1.5.1.2 über Menüs und den *MenuInflater* bekannt. Ein mittels Builder aufgebauter AlertDialog ist in nachstehender Abbildung zu sehen.

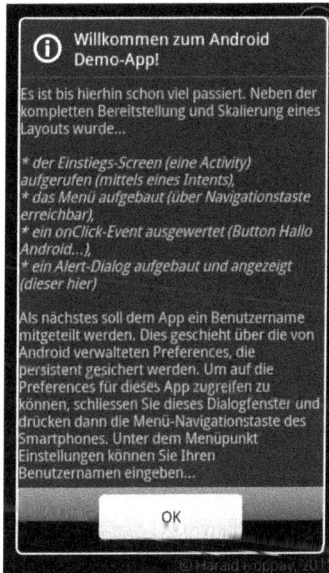

Abb. 16: AlertDialog mit LayoutInflater; eigene Darstellung

Ein AlertDialog verdeckt die Oberfläche der aufrufenden Komponente teilweise und erhält, im Gegensatz zur Toast-Mitteilung, den Fokus. Der Benutzer muss auf das Dialog-Fenster reagieren, ehe er fortfahren kann.

Im weiteren Verlauf der Demo-App lernt der Anwender weitere Activities kennen, welche jeweils von der Main-Activity aus aufgerufen werden. Der Aufruf erfolgt stets, wie bereits erwähnt, mittels eines *Intents*. Das folgende Kapitel widmet sich ausführlich dem Android Basis-Konzept der Intents.

3.1.5.2. Intents

Intents sind sozusagen die Verbindungsstücke zwischen den einzelnen Komponenten einer Android-Anwendung, aber sie fungieren auch als die Bindeglieder zwischen verschiedenen Anwendungen und zwischen der Anwendung und dem Betriebssystem selbst. Ein Intent, zu Deutsch „Absicht", ist ein Objekt, welches die gewünschte Aktion, also die Absicht des Absenders beschreibt. Sie könnte lauten „Starte eine Activity XY" oder „Sende eine SMS". Ist der Empfänger, also die Zielkomponente des Intents bereits bekannt und angegeben, so handelt es sich um einen expliziten, andernfalls um einen impliziten Intent. Von den genannten Beispiel-Intents wäre „Starte eine Activity XY" ein expliziter Intent, da die Ziel-Komponente, die Acitivity XY, bekannt ist und „Sende eine SMS" wäre ein impliziter Intent, da zwar die Aktion, nicht aber die Ziel-Komponente, welche die Aktion ausführen soll, bekannt ist.

Ein Intent kann neben der Absichtserklärung selbst, auch diverse Benutzer-spezifizierte Daten mitgeliefert bekommen. Die Daten werden mittels `intent.putExtra()` in Form von Schlüssel-Wert-Paaren an das Intent-Objekt angehängt und können dann ebenso bequem von der Empfänger-Komponente mit `intent.getExtras()` wieder ausgelesen werden.

3.1.5.2.1. Explizite Intents

Explizite Intents zeichnen sich dadurch aus, dass ihnen der Name der Zielkomponente explizit mitgegeben wird. Im Demo-App wird eine zweite Activity IntentsDemo mittels eines solchen expliziten Intents aus der Main-Activity heraus verschickt. Der Programmcode für diesen Aufruf sieht folgendermaßen aus:

```
startActivity(new Intent(this,IntentsDemo.class));
```

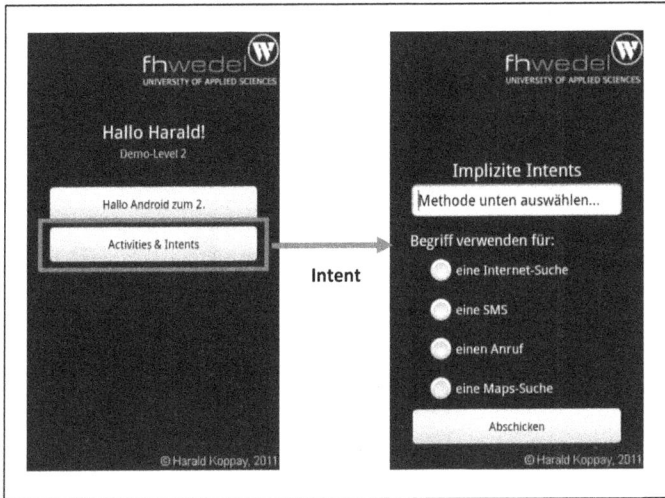

Abb. 17: Aufruf der IntentsDemo-Activity; eigene Darstellung

startActivity() soll, wie der Name es schon verrät, eine Activity-Komponente starten. Dass es sich um einen expliziten Intent handelt, lässt sich daran erkennen, dass der übergebene Intent mit der genauen Beschreibung der Zielkomponenten initialisiert wird. Da sich die Zielkomponente *IntentDemo* in derselben Anwendung wie die aufrufende Komponente befindet, enthält der Intent-Konstruktor als ersten Parameter den aktuellen Anwendungs-Kontext this und als zweiten Parameter den Namen der Java-Klasse, welche die Ziel-Komponente repräsentiert.

3.1.5.2.2. Implizite Intents und Intent-Filter

Im Gegensatz zu expliziten Intents spezifizieren implizite Intents ihre Zielkomponente nicht, da sie oftmals zum Zeitpunkt des Aufrufes nicht bekannt ist. Dies ist insbesondere dann der Fall wenn anwendungsfremde Komponenten angesprochen werden sollen. Stattdessen formulieren implizite Intents eine bestimmte Aktion, wie zum Beispiel „Sende eine SMS", „Wähle eine Telefonnummer" oder „Zeige eine Webseite an", die im Auftrag der aufrufenden Komponente durchgeführt werden soll. Gegebenenfalls liefern sie die dafür notwendigen Daten mit, wie etwa die Adresse der Webseite für die Aktion „Zeige eine Webseite an".

Abb. 18: Auswahl-Dialog für passende Intent-Filter; eigene Darstellung

Der implizite Intent wird dann quasi ins „Leere" geschickt, in der Hoffnung, dass ein passender Empfänger von Android ausgemacht wird. Der Vorgang mit dem Android einen potentiellen Empfänger ermittelt nennt sich *„Intent Resolution Process"*. Dem Betriebssystem liegt sozusagen eine Liste aller Anwendungen vor, welche auf einen bestimmten impliziten Intent warten. Die Anwendungen beschreiben den impliziten Intent, auf welchen sie warten mittels eines sogenannten *Intent-Filters*, den sie in ihrer Manifest-Datei definieren. Entspricht ein versendeter Intent den Spezifikationen eines solchen Intent-Filters, so wird die zugehörige Anwendung gestartet und der Intent übergeben. Kommen gleich mehrere Anwendungen in Frage, da mehrere Anwendungen denselben Intent-Filter definiert haben, so bietet Android dem Benutzer mittels eines Dialoges eine Auswahl der qualifizierten Anwendungen an (siehe Abb.18).

Die Demo-App versendet in der *IntentsDemo*-Activity unter anderem einen impliziten Intent mit dem Auftrag „Zeige eine Webseite an". Die Adresse mit der anzuzeigenden Webseite wird in einem String content übergeben, welcher vom Benutzer über ein Eingabefeld eingegeben wird und mit *„http://"* beginnen muss. Der entsprechende Code-Ausschnitt für das Abschicken des Intents ist nachfolgend abgedruckt.

```
startActivity(new Intent(Intent.ACTION_VIEW, Uri.parse(content)));
```

Der erste Parameter, der hier der Konstruktor-Methode des Intents übergeben wird, spezifiziert die gewünschte Aktion die durchgeführt werden soll. In diesem Fall handelt es sich um eine generische Aktion `ACTION_VIEW` der Klasse Intent, die immer dann verwendet wird, wenn Daten, egal welcher Art, angezeigt werden sollen. Um welche Art von Daten es sich dabei handelt, wird im zweiten Parameter mittels einer URI beschrieben.

Die URI, Uniform Ressource Identifier, ist ein bekanntes Konzept zur Identifikation von digitalen Ressourcen und wird aktuell im RFC 3986 beschrieben.[1] Jede URI beginnt mit dem Teil *„Schema"*, welches den Typ der Ressource bestimmt. Eine der geläufigsten Schemata ist *„http"* zur Identifizierung von Web-Ressourcen, die mittels des *Hypertext Transfer Protocols* abgerufen werden können. Eine URI von diesem Typ kommt auch bei der oben erwähnten Absichtserklärung „Zeige eine Webseite an" zum Einsatz, da der String `content` stets mit *„http"* beginnt. Die Methode `Uri.parse()` stellt aus diesem String dann ein konkretes URI-Objekt her.

Anwendungen, die eine solchen Intent entgegennehmen und verarbeiten möchten, müssen, wie schon erwähnt, einen entsprechenden Intent-Filter in ihrer Manifest-Datei definieren. In diesem Fall muss der Intent-Filter in etwa so aussehen:

```
<activity android:name=".BrowserActivity">
    <intent-filter>
        <action android:name="android.intent.action.VIEW" />
        // Kategorisierung des Intents:
        <category android:name="android.intent.category.DEFAULT" />
        <data android:scheme="http" />
    </intent-filter>
</activity>
```

Wie hier zu erkennen ist, muss die Definition des Intent-Filters innerhalb von derjenigen Komponente erfolgen, welche den Intent entgegennehmen soll. Im obigen Beispiel ist dies eine Activity mit dem Namen *BrowserActivity*. Sind mehrere Anwendungen installiert, die einen solchen Intent-Filter definiert haben, was in diesem Fall für alle Browser-Anwendungen der Fall sein dürfte, so bietet Android einen entsprechenden Auswahl-Dialog an (siehe Abb. 18).

---

[1] RFC 3986 und ursprünglich RFC 1630

3.1.5.2.3. Broadcast Receiver

Broadcast Intent Receiver, oder kurz Broadcast Receiver, sind im Gegensatz zu Activities, Komponenten ohne Benutzeroberfläche. Sie sind dafür zuständig, systemweite Meldungen, sogenannte *Broadcasts* bzw. *Broadcast Intents*, entgegenzunehmen, zu verarbeiten und gegebenenfalls eine Benachrichtigung an den Benutzer weiterzuleiten. Da ihnen für letztere Aktivität keine entsprechende Benutzeroberfläche zur Verfügung steht, bedienen sie sich üblicherweise des *Notification Managers* um mit dem Anwender zu interagieren. Der Notification Manager sorgt dafür, dass der Benutzer eine Benachrichtigung in der Status-Bar am oberen Bildschirmrand erhält. Begleitet werden kann diese Benachrichtigung durch einen Benachrichtigungs-Ton, durch Vibrieren des Handys oder durch Aufleuchten einer LED.

Im Regelfall dienen Broadcast Receiver dem Entwickler lediglich als eine Art *Gateway* zu einer anderen Anwendungskomponente und verrichten deswegen selbst keine allzu aufwendigen Operationen. Broadcast Receiver Klassen besitzen eine überschreibbare Methode `onReceive()`, die beim Eintreffen eines passenden Broadcast Intents aufgerufen und abgearbeitet wird. In der Demo-App wird unter anderem ein Broadcast Receiver implementiert, welcher auf den Broadcast Intent *SMS_RECEIVED* wartet und bei Aktivierung, den Inhalt der SMS als kurze Toast-Meldung ausgibt:

```
public static BroadcastReceiver receiverSMS =
    new BroadcastReceiver() {
        public void onReceive(Context context, Intent intent)
        {
            Bundle bundle = intent.getExtras();
            … // Code zur Erstellung des Toasts mit den Inhalten
            … // des übergebenen Intents (SMS-Inhalte in bundle)
        }
    }
```

3.1.5.2.4. Broadcast Intents

Broadcast Intents sind das Gegenstück zu den Broadcast Receivern. Sie entsprechen im Großen und Ganzen einem gewöhnlichen impliziten Intent, mit dem Unterschied, dass sie üblicherweise vom System selbst generiert und verschickt werden sobald bestimmte Systemereignisse eintreten, wie zum Beispiel „Akku fast leer", „Systemzeit geändert" oder

„Display schaltet sich ab". Auch Anwendungen können Broadcast Intents verschicken, um der System-Umgebung eine Status-Änderung mitzuteilen. So kann eine Anwendung beispielsweise mittels eines eigens definierten Broadcast Intents mitteilen, dass ein bestimmter Download fertiggestellt wurde und ab sofort für weitere interessierte Anwendungen zur Verfügung steht.

Ein kleiner Ausschnitt der vom System verschickten Broadcast Intents, kann der nachfolgenden Tabelle entnommen werden. Genau wie bei den impliziten Intents, definieren sich Broadcast Intents über einen bestimmten *Action-Code*, welcher als Konstante in der Klasse Intent hinterlegt ist. Anders als bei den impliziten Intents bringt dieser Action-Code aber nicht die auszuführende Operation zum Ausdruck, sondern beschreibt stattdessen das eingetretene (System-)Ereignis. Der empfangende Broadcast Receiver kann dann eine beliebige Aktion als Reaktion auf dieses Ereignisses ausführen.

Broadcast Intent	Systemereignis
ACTION_BOOT_COMPLETED	Der Bootvorgang des Gerätes wurde abgeschlossen.
ACTION_BATTERY_LOW	Der Akku des Gerätes ist fast leer.
ACTION_PACKAGE_ADDED	Eine neue Anwendung wurde auf dem Gerät installiert.
ACTION_SCREEN_OFF	Das Display hat sich nach längerer Inaktivität abgeschaltet.

Tab. 5: System Broadcast Intents; eigene Darstellung

Ein Broadcast Intent, welcher nicht zu den Standard System-Broadcasts gehört, ist beispielsweise der „SMS_RECEIVED" Broadcast des Telefonie-Moduls. Dieser Broadcast Intent wird in der Demo-App dazu benötigt den Broadcast Receiver receiverSMS zu aktivieren. Um dem Receiver zu ermöglichen einen Broadcast zu empfangen, kann er auf zwei unterschiedliche Art und Weisen im System registriert werden.

3.1.5.2.5. Statischer Broadcast Receiver

Die erste Methode erfordert, analog zu der Vorgehensweise bei gewöhnlichen impliziten Intents, die Definition eines entsprechenden Intent-Filters in der Manifest-Datei:

```
<receiver android:name=".receiverSMS">
    <intent-filter>
        <action android:name=
            "android.provider.Telephony.SMS_RECEIVED" />
    </intent-filter>
</receiver>
```

Wie bereits aus den Erläuterungen zu den Intent-Filtern bekannt, wird bei Eintreffen eines passenden Intents, diejenige Anwendungs-Komponente aufgerufen, innerhalb welcher die Filter-Definition stattgefunden hat. In diesem Fall also die Receiver-Klasse mit dem Namen `receiverSMS`. Ein auf diesem Wege angesprochener Broadcast Receiver wird auch statischer Broadcast Receiver genannt. Er wird als eigenständige Klasse implementiert, welche die Java-Klasse BroadcastReceiver erweitert, und kann aufgerufen werden, auch ohne dass die zugehörige Anwendung bzw. eine andere Komponente aus der Anwendung läuft.[1]

3.1.5.2.6. Dynamischer Broadcast Receiver

Die zweite Methode erzeugt einen dynamischen Broadcast Receiver zur Laufzeit der zugehörigen Anwendung. Dynamische Broadcast Receiver werden in der Beispiel-Anwendung von der Activity `ServicesDemo` erzeugt. Um dem System einen dynamischen Receiver bekannt zu machen, muss eine Instanz der Receiver-Klasse sowie ein entsprechender Intent-Filter zur Laufzeit „registriert" werden. Der folgende Auszug aus dem Programmcode der Demo-App veranschaulicht diesen Vorgang.

```
public final static IntentFilter FILTER_SMS = new
    IntentFilter("android.provider.Telephony.SMS_RECEIVED");
...
getApplicationContext().registerReceiver(receiverSMS, FILTER_SMS);
```

Nach Aufruf der Methode `registerReceiver()`, welche als Parameter zum einen die Broadcast Receiver Instanz und zum anderen den passenden Intent-Filter erwartet, kann der Receiver fortan Broadcast Intents des Typs *SMS_RECEIVED* empfangen und verarbeiten, und zwar solange bis die Registrierung wieder aufgehoben wird:

```
getApplicationContext().unregisterReceiver(receiverSMS);
```

3.1.5.3. Service

Services sind Komponenten, die sich dazu eignen, langwierige Hintergrundoperationen durchzuführen, wie etwa das Abspielen von Musik, das Herunterladen von Dateien oder

---

[1] Wie bereits erwähnt, können die einzelnen Komponenten autark instanziiert werden.

umfangreiche Schreib-/Lese-Operationen auf dem externen Speichermedium.[1] Wie die Broadcast Receiver, verfügen auch Services über keine Benutzeroberfläche, bieten aber eine Schnittstelle an, um die Kommunikation mit ihnen zu ermöglichen, das *IBinder*-Interface. Android stellt mit der *Binder*-Klasse bereits eine grundlegende Implementierung des IBinder-Interfaces bereit. Diese Klasse kann vom Entwickler erweitert werden, um die Interaktionen mit einem Service, den eigenen Vorstellungen entsprechend, zu ermöglichen. So kann mit Hilfe des Binders beispielsweise der Name einer wiederzugebenden Audio-Datei an einen „Musik-Service" übermittelt werden. Im Gegenzug kann der Service über den Binder mitteilen, welche Länge das gerade gespielte Musikstück hat.[2]

Services können auf zwei Art und Weisen von einer anderen Anwendungs-Komponente gestartet werden. Zum einen, mit der Methode `startService()`, welche, analog zur Methode `startActivity()`, einen entsprechenden Intent als Parameter erwartet. Der nachstehende Code-Auszug aus der *ServicesDemo*-Activity der Beispiel-Applikation demonstriert einen konkreten Aufruf.

```
startService(new Intent(this,SimpleService.class));
```

Ein auf diese Weise gestarteter Service bleibt so lange im Hintergrund aktiv, bis er mittels der Methode `stopService()` beendet wird, oder bis das System den zugehörigen Prozess auf Grund von Ressourcenknappheit terminiert. `stopService()` benötigt als Parameter denselben Intent, der auch zum Starten des Services verwendet wurde:

```
stopService(new Intent(this,SimpleService.class));
```

Die zweite Methode startet den Service unter Verwendung der IBinder-Schnittstelle mit dem Befehl `bindService()`. Ein derart gestarteter Service bietet die Möglichkeit zur Interaktion mit dem Service über sein Binder-Objekt.

Die Verbindung mit dem Service wird durch ein Exemplar der *ServiceConnection*-Klasse repräsentiert, welche der `bindService()`-Methode als Parameter übergeben wird. Die ServiceConnection-Instanz liefert bei erfolgter Verbindung das Binder-Objekt des Services.

In dem folgenden Code-Auszug aus der Demo-Anwendung ist *complexServiceConnection*

---

[1] Vgl. Becker, Arno / Pant, Marcus: Android 2, 2010, S.159 und S.163.
[2] Ein solcher „Musik-Service" ist Bestandteil der Demo-Anwendung.

die konkrete ServiceConnection-Instanz, welche der `bindService()`-Methode als zweiter Parameter übergeben wird. Als dritter Parameter wird die Art der gewünschten Verbindung mitgeteilt. In den meisten Fällen wird hier der Standard-Verbindungstyp `BIND_AUTO_CREATE` angegeben, welcher bewirkt, dass der Service vor dem Verbindungs-Prozess erzeugt wird, falls er noch nicht existiert.

```
bindService(new Intent(this,ComplexService.class),
        complexServiceConnection, Context.BIND_AUTO_CREATE);
```

Die Methode `bindService()` kann beliebig oft und von verschiedenen Komponenten gerufen werden, auch wenn bereits eine oder mehrere Verbindungen zum Service bestehen.[1] Ein auf diese Art gestarteter Service bleibt nur so lange aktiv, bis die letzte Verbindung mittels `unbindService()` gelöst worden ist oder der zugehörige Prozess vom System beendet wurde. Der Methode `unbindService()` wird das assoziierte ServiceConnection-Objekt als Parameter mitgegeben.

Eine Verbindung zu einem Service kann mit Hilfe von `bindService()` auch dann noch erfolgen, wenn der Service bereits mit `startService()` gestartet worden ist. Dies hat den Vorteil, dass der Service, auch nach dem Lösen der letzten Verbindung durch `unbindService()`, weiterhin aktiv bleiben kann, solange bis letztendlich `stopService()` gerufen oder der Prozess systemseitig beendet wird.

3.1.5.3.1. Lebenszyklus

Der Lebenszyklus eines Services, wird in der Abb.19 veranschaulicht und nachstehend erläutert.[2]

---

[1] Eine Verbindung entspricht einer ServiceConnection-Instanz, welche ein Binder-Objekt des Services innehält. Eine Komponente kann durchaus mehrere Instanzen der ServiceConnection-Klasse unterhalten.
[2] Vgl. o.V.: Android Developers, Dev Guide: Services #Lifecycle, 2011

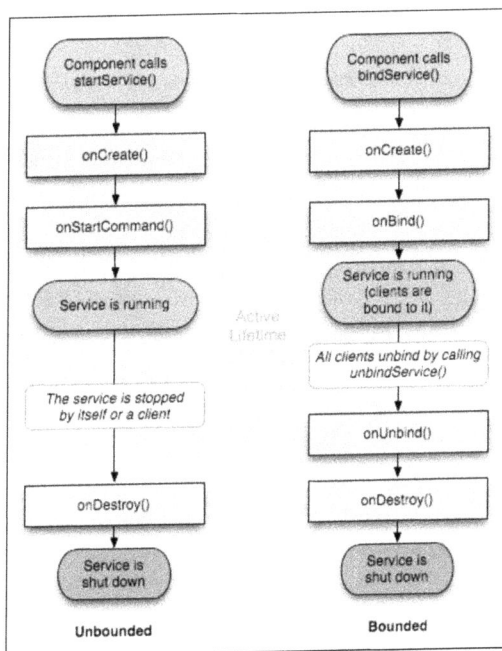

Abb. 19: Service Lebenszyklus; o.V.: Android Developers, 2011

- Gesamte Lebenszeit: Die gesamte Lebenszeit eines Services wird, unabhängig davon ob er mittels `startService()` oder mittels `bindService()` gestartet wurde, von den Methoden `onCreate()` und `onDestroy()` umschlossen. Analog zur Activity, wird der Service einmalig in der Methode onCreate() initialisiert und gibt seine Ressourcen in `onDestroy()` wieder frei.

- Aktive Lebenszeit: Die aktive Lebenszeit eines Services beginnt mit der Methode `onStartCommand()`, welche aufgerufen wird, sobald eine Komponente `startService()` ruft, oder mit der Methode `onBind()`, welche aufgerufen wird, sobald eine Komponente `bindService()` ruft. Der Service, der mittels `startService()` gerufen wurde, bleibt solange aktiv, bis er beendet wird, der gebundene Service hingegen beendet seine Aktivität bereits nach dem letzten Aufruf von `unbindService()`.

3.1.5.3.2. Services, Prozesse und Threads

Obwohl Services quasi unabhängig von ihrer aufrufenden Komponente laufen[1], muss beachtet werden, dass sie standardgemäß im selben Prozess und dort sogar im selben Thread, dem sogenannten UI-Thread der auslösenden Komponente operieren.[2] Dies hat zur Folge, dass bei langwierigen, Ressourcen-intensiven Operationen, die ja bevorzugt in Services ausgelagert werden sollten, ein „Application Not Responding"-Ereignis, kurz ANR, auftreten kann (siehe Abb. 20).

Abb. 20: Application Not Responding Event; eigene Darstellung

Dieses Ereignis tritt immer dann ein, wenn Operationen, welche die Benutzer-Interaktion und somit den UI-Thread blockieren, zu lange brauchen um abgearbeitet zu werden. Derartige Vorgänge, wie etwa das Abspielen von Musik oder das Herunterladen von Dateien, sollten nicht nur in einen eigenen Service, sondern auch in einen eigenen Thread, wenn nicht sogar in einen eigenen Prozess *(Remote Service)* ausgelagert werden.

Die Thread-Programmierung ist nichts Android-spezifisches und sollte daher aus der Java-Programmierung bekannt sein. In der Demo-Anwendung verwendet die Service-Klasse *ComplexService*, welche aus der *ServicesDemo*-Activity gestartet wird, einen separaten Thread, innerhalb welchem ein Musikstück abgespielt wird:[3]

```
mPlayerThread= new Thread (){
    public void run() {
        mPlayer.start();
```

---

[1] Der Code des Services wird unabhängig vom Code für die Benutzer-Interaktionen ausgeführt.

[2] Vgl. Becker, Arno / Pant, Marcus: Android 2, 2010, S. 164f. Anm.: Der Main-Thread einer Anwendung beinhaltet unter anderem die komplette Benutzer-Interaktionen, weshalb dieser in Literatur und offizieller Dokumentation auch als User Interface Thread, kurz UI-Thread, bezeichnet wird.

[3] Anm: Da ComplexService in einen separaten Prozess ausgelagert wird, wäre ein zusätzliches Auslagern in einen separaten Thread nicht notwendig. Hier geschieht es zu reinen Demonstrations-Zwecken.

```
            super.run();
        }
    };
    mPlayerThread.start();
```

Das Objekt *mPlayer* ist hier eine Instanz der Android-Klasse *MediaPlayer*, welche alle Funktionalitäten liefert, um Audio-/Video-Dateien bzw. Streams abzuspielen.

Wird ein Service im selben Prozess wie die aufrufende Komponente erzeugt, so handelt es sich, ungeachtet dessen ob er in einem eigenen Thread läuft oder nicht, um einen sogenannten *Local Service*. Wird ein Service hingegen in einem separaten Prozess erzeugt, um ihn beispielsweise über die Lebensdauer des aufrufenden Prozesses hinaus für andere Anwendungen verfügbar zu halten, so wird von einem *Remote Service* gesprochen. Der separate Prozess für einen Remote Service wird durch eine simple Deklaration im Anwendungs-Manifest angemeldet:

```
<service android:name=".services.ComplexService"
        android:process=":remoteComplexService">
</service>
```

Dem Service *ComplexService* wird zum Zeitpunkt der Erzeugung ein eigener Prozess mit der Bezeichnung *remoteComplexService* zugeteilt. Dieser existiert in der Folge unabhängig von dem aufrufenden Prozess.

3.1.5.3.3.   Interaktion mit Services

Die Interaktion mit einem Service erfolgt, wie bereits dargelegt, mittels des IBinder-Interfaces. Der konkrete Binder wird der, mit onBind() aufrufenden Komponente, in ihrem ServiceConnection-Objekt übergeben. Wie die Kommunikation mit dem Service fortan erfolgt, hängt ganz von der Implementierung des IBinder-Interfaces ab.

3.1.5.3.3.1.   Local Service

In den meisten Fällen wird ein Local Service zum Einsatz kommen, also ein Service der ausschließlich von der eigenen Anwendung verwendet wird und daher im selben Prozess laufen kann. Die Kommunikation mit solch einem Service erfolgt auf einem einfachen Wege. Die Klasse Binder, die vom Android Framework mitgeliefert wird, kann dahingehend erweitert werden, dass sie der aufrufenden Komponente vollen Zugriff auf die öffentlichen

Methoden ihrer beherbergenden Service-Klasse ermöglicht. Dazu kann der Binder beispielsweise eine Methode anbieten, welche die erzeugte Instanz seiner Service-Klasse zurückgibt. Die Steuerung des Services kann von der aufrufenden Komponente dann durch den direkten Zugriff auf die öffentlichen Service-Methoden erfolgen.[1]

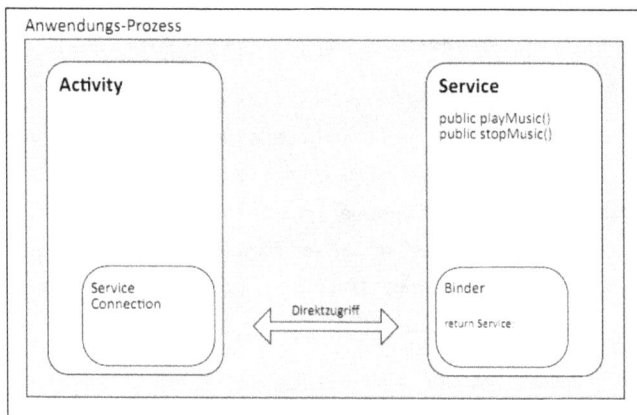

Abb. 21: Lokaler Service mit Direktzugriff; eigene Darstellung

3.1.5.3.3.2. Remote Service

Interessanter wird es jedoch wenn der Service über die Grenzen des eigenen Prozesses bzw. der eigenen Anwendung hinaus operieren muss, also in einen eigenen Prozess ausgelagert wird. Ein solcher Remote Service kann nur mit Techniken der Interprozess-Kommunikation (fern-)gesteuert werden. Um eine entsprechende Kommunikations-Schnittstelle bereitzustellen, kann ein Objekt der Android *Messenger*-Klasse verwendet werden, welches zur Entgegennahme und Verarbeitung von eingehenden Steueranweisungen einen *Handler* referenziert.[2]

In der Beispiel-Anwendung wird in der *ComplexService*-Klasse ein Handler implementiert, welcher Steueranweisungen für das Starten und Stoppen der Musik-Wiedergabe verarbeitet.

---

[1] Vgl. und Bsp.: o.V.: Android Developers, Dev Guide: Bound Services #Binder, 2011
[2] Anm.: Messenger abstrahieren von den zur Interprozess-Kommunikation notwendigen Basis-Funktionen, wie der Aufbereitung der Daten vor und nach dem Senden – das sogenannte *marshalling* und *unmarshalling*.

```
private Handler incomingHandler = new Handler(){
    public void handleMessage(Message msg) {
        switch (msg.what) {
            case MUSIC_PLAY:
                musicPlay(); // Aufruf der Methode zum Abspielen
                break;
            case MUSIC_STOP:
                musicStop(); // Aufruf der Methode zum Stoppen
                break;
            default:
                super.handleMessage(msg);
        }
    }
};
```

Ein Messenger-Objekt mit der Bezeichnung *mMessenger* wird mit einer Referenz auf das Handler-Objekt erzeugt:

```
final Messenger mMessenger = new Messenger(incomingHandler);
```

Das Objekt vom Typ IBinder, welches von der ServiceConnection-Instanz der `bindService()`-rufenden Komponente erwartet wird, stellt die Messenger-Klasse über ihre Methode `getBinder()` zur Verfügung.[1] Dieses wird dann in der `onBind()`-Methode des Services übergeben:

```
public IBinder onBind(Intent intent) {
    return mMessenger.getBinder();
}
```

Der Vollständigkeit halber folgt der Code-Auszug für die ServiceConnection-Klasse der aufrufenden *ServicesDemo*-Activity. Hier müssen jeweils die Methoden `onServiceConnect()` und `onServiceDisconnect()` überschrieben werden:

```
public ServiceConnection complexServiceConnection
    = new ServiceConnection() {

    public void onServiceConnected(ComponentName name,
        IBinder service) {
```

---

[1] Die Klasse Messenger implementiert einen eigenen Binder.

```
            complexServiceMessenger = new Messenger(service);
        }
        public void onServiceDisconnected(ComponentName name) {
            complexServiceMessenger = null;
        }
    };
```

Mit dem Befehl `complexServiceMessenger.send()` ist es der *ServicesDemo*-Activity nun möglich Steueranweisungen in Form von Message-Objekten an den laufenden und gebundenen Service *ComplexService* zu verschicken.[1] Darüber hinaus ist es aber auch jeder anderen Komponente, egal ob Anwendungs-intern oder -extern, möglich, den Service mittels solcher Message-Objekte zu steuern solange sie ihn gebunden und die Kenntnis über die Syntax der Steuerungsanweisungen haben. Der Handler der Service-Klasse analysiert die eintreffenden Message-Objekte und ruft die entsprechenden Methoden zur Steuerung des MediaPlayers auf.

Um eine bidirektionale Kommunikation zu ermöglichen, muss die, den Service nutzende Komponente, ebenfalls einen Messenger bzw. Message-Handler implementieren. Die entsprechend erzeugte Messenger-Instanz wird in der Folge dem *replyTo*-Attribut eines an den Service zu versendenden Message-Objekts zugewiesen:

```
Messenger complexServiceReceiver = new Messenger(incomingHandler);
msg.replyTo = complexServiceReceiver;
complexServiceMessenger.send(msg);
```

Der Service kann nach Erhalt der Message auf dieses Attribut zugreifen, um folglich seinerseits ein Message-Objekt an den hinterlegten Messenger zu versenden. Der Service *ComplexService* im Demo-App teilt der aufrufenden Komponente auf diesem Wege mit, welchen Namen und welche Länge das gerade gespielte Musikstück hat:

```
msgSave.replyTo.send(Message.obtain(null, 0,
        "Playing: "+musicfile.getResourceEntryName()+
        "Duration: "+(mPlayer.getDuration()/60000)+"min"));
```

Diese Form der Kommunikation mit einem Remote Service ist in der folgenden Abb.22 grafisch veranschaulicht.

---

[1] Die Steueranweisungen werden selbst definiert und sind im Falle von *ComplexService*: MUSIC_PLAY und MUSIC_STOP.

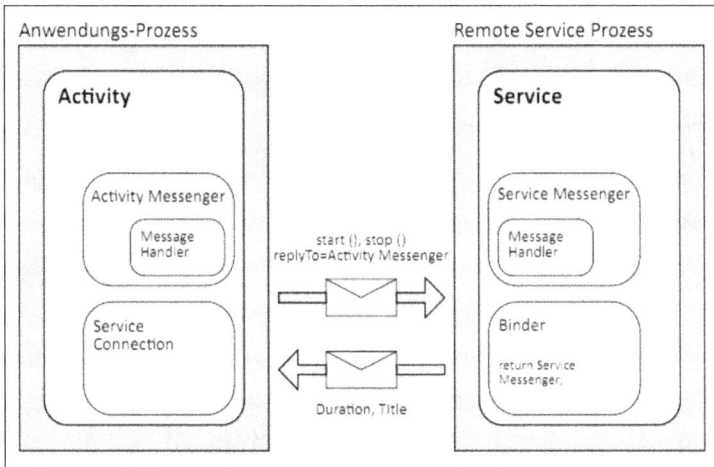

Abb. 22: Remote Service mit Messenger; eigene Darstellung

3.1.5.4. Content Provider

Die vierte und letzte Basiskomponente des Android-Frameworks beinhaltet die Content Provider, deren primäre Aufgabe es ist, Daten einer Anwendung für andere Anwendungen zur Verfügung zu stellen. Android bietet von Haus aus einige Standard-Provider an um zum Beispiel den Zugriff auf die Kontakte, Termine oder die Medien-Bibliotheken des Gerätes zu ermöglichen.

Unabhängig davon in welcher Form die zugrundeliegenden Daten konkret abgespeichert werden, bereitet ein Content Provider sein Angebot immer in Tabellenform auf. Das Ergebnis einer Anfrage an den Provider für die Audio-Medienbibliothek könnte demnach wie folgt aussehen:

_ID	ALBUM	ARTIST	TITLE	DURATION
13	Funeral	Arcade Fire	Neighborhood	182000
44	Effloresce	Oceansize	Welcome	278000
45	Ten	Pearl Jam	Alive	310000
53	Ten	Pearl Jam	Jeremy	269000

Tab. 6: Ergebnis einer ContentProvider-Abfrage; eigene Darstellung

3.1.5.4.1.   Content Resolver

Um den Zugriff auf ihre Daten zu ermöglichen, implementieren alle Content Provider das gemeinsame Interface *ContentResolver* inklusive der notwendigen   Methoden für die Verarbeitung von Anfragen, sowie den Methoden zum Ändern, Hinzufügen und Löschen von Datensätzen. Bevor eine Komponente einen Content Provider nutzen kann, muss sie mittels `getContentResolver()` ein Objekt vom Typ *ContentResolver* instanziieren.

Die Auswahl des benötigten Content Providers erledigt der Content Resolver anhand einer ihm übergebenen URI, welche den Content näher spezifiziert. Das Schema der URIs mit denen Content Resolver arbeiten lautet „*content*" bzw. „*content://*". Die URI mit welcher auf den Provider für die Audio-Medienbibliothek des externen Speichers zugegriffen werden kann, ist in der Klasse *MediaStore.Audio.Media* als Konstante hinterlegt. Ein Code-Ausschnitt aus der *DemoContentProvider*-Activity der Beispiel-Anwendung demonstriert den Zugriff darauf:

```
final static Uri uri =
    android.provider.MediaStore.Audio.Media.EXTERNAL_CONTENT_URI;
```

Die URI wird zusammen mit einem String-Array, welcher die Bezeichner der benötigten Attribute beinhaltet, an die Methode `query()` des Content Resolvers übergeben. Die Methode `query()` liefert einen Cursor zurück, welcher das Traversieren durch die Ergebnis-Tabelle erlaubt. Um eine Tabelle der Form wie oben abgebildet als Ergebnis der Abfrage zu erhalten, müsste der Methoden-Aufruf also folgendermaßen lauten:

```
ContentResolver cr = getContentResolver();
Cursor cursorMusicProvider = cr.query(
        uri,
        new String[] {   Media._ID, Media.ALBUM, Media.ARTIST,
                         Media.TITLE, Media.DURATION         },
        null,         /* Selektion, wie SQL WHERE */
        null,         /* Argumente für die Selektion */
        null);        /* Sortierung */
startManagingCursor(cursorMusicProvider);
```

Der empfohlene Aufruf der Methode `startManagingCursor()` hat zur Folge, dass sich die Komponente, welche den Cursor beinhaltet, automatisch um die Steuerung des Cursors, sowie um das Laden und Freigeben der vom Cursor benötigten Ressourcen kümmert.

3.1.5.4.2. Adapter und AdapterViews

Für die komfortable Darstellung der Ergebnis-Datensätze einer Content Provider Abfrage, bietet Android das Adapter-Konzept an. Objekte der Adapter-Klasse sind das Verbindungsglied zwischen einer Menge von gleichförmigen Daten, wie sie auch als Ergebnis nach einer Provider-Abfrage vorliegen, und einer View-Komponente, welche auf die optimierte Darstellung solcher gleichförmiger Datenmengen spezialisiert ist, einem sogenannten *AdapterView*. Adapter-Views sind Objekte der Android-Klassen:

- *ListView*, zur Listenförmigen Darstellung von Datenmengen
- *GridView*, zur Rasterförmigen Darstellung von Datenmengen
- *Spinner*, entsprechen einer DropDown-Auswahlliste und werden bevorzugt für die Darstellung von Array-Inhalten verwendet
- *Gallery*, zur Darstellung von Datenmengen mit grafischer Repräsentation

Während AdapterViews für die ganzheitliche Darstellung der kompletten Datenmenge verantwortlich sind, bietet Android zusätzlich einige Layouts an, um die Darstellung einzelner Datensätze in den Adapter-Views zu optimieren. Für die ListView-Elemente stehen beispielsweise folgende Standard-Layouts bereit:

- *Simple_list_item_1*, mit einem TextView je Datensatz
- *Simple_list_item_2*, mit zwei TextViews je Datensatz
- *Simple_list_item_checked*, mit TextView und Checkbox je Datensatz

Der Adapter füllt den gewählten View bzw. das gewählte Layout nun mit der Datenmenge, für die er erzeugt worden ist. Je nach Art der zugrundeliegenden Datenmenge, kann ein Adapter entweder vom Typ *ArrayAdapter* oder vom Typ *CursorAdapter* sein. Alle weiteren Adapter-Typen, leiten sich von diesen beiden Adaptern ab.

In der DemoContentProvider-Activity der Beispiel-Anwendung, wird mittels des oben angegebenen Codes, der Content-Provider für die externe Audio-Medienbibliothek ausgelesen und ein entsprechender Cursor `cursorMusicProvider` erzeugt. Die Ergebnis-Datenmenge auf welche `cursorMusicProvider` zeigt, wird mit folgendem Code an einen Adapter des Typs *SimpleCursorAdapter* übergeben:

```
SimpleCursorAdapter adapterMusicList =
```

```
new SimpleCursorAdapter (
    this,
    android.R.layout.simple_list_item_2,
    cursorMusicProvider,
    new String[] { Media.ARTIST, Media.TITLE },
    new int[] { android.r.id.text2, android.r.id.text1}
);
```

Für die Darstellung der einzelnen Datensätze wurde das *simple_list_item_2*-Layout gewählt. Das übergebene String-Array spezifiziert die anzuzeigenden Felder eines Datensatzes, welche entsprechend ihrer Reihenfolge, in den, durch den Inhalt des übergebenen int-Arrays referenzierten TextView-Elementen des Layouts angezeigt werden.

Nachdem der Adapter geladen wurde, muss noch eine Verbindung zu einer AdapterView-Komponente hergestellt werden. In der Beispiel-Anwendung kommt ein ListView zum Einsatz, welcher in einer speziellen Unterklasse der Activity-Klasse, der ListActivity, bereits serienmäßig mitgeliefert wird.[1] Um diesen ListView mit dem Adapter zu verbinden, wird in der onCreate() Methode der ListActivity, die Methode setListAdapter() mit dem Adapter als Parameter aufgerufen. Das Ergebnis ist in der Abb. 23 dargestellt. Hier wurde jedoch das Standard-Layout der ListActivity mit den typischen Layout-Merkmalen der Demo-App erweitert.

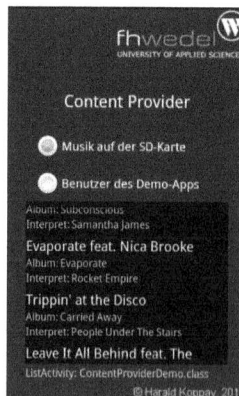

Abb. 23: ListActivity und ContentProvider; eigene Darstellung

---

[1] Siehe Kapitel 3.1.5.1.3.1

92

Des Weiteren liefert die ListActivity von Haus aus einige Callback-Methoden mit, zum Beispiel für *OnClick*-Ereignisse im assoziierten ListView sowie Methoden zur Ermittlung der aktuellen Listenposition. Diese wurden in der Demo-App genutzt, um das direkte Abspielen der mit den angeklickten Listen-Einträgen assoziierten Audio-Dateien zu ermöglichen.

3.1.5.4.3.   Content Provider und Datenhaltung

In diesem Abschnitt soll die Implementierung eines eigenen Content Providers behandelt werden. Da Content Provider den Zweck haben anwendungseigene Daten zur Verfügung zu stellen, muss zunächst geklärt werden, woher diese Daten bezogen bzw. wohin sie persistent gesichert werden sollen. Android bietet folgende Methoden für die Datenhaltung an:

- *Shared Preferences:* zur Speicherung von einfachen Daten in Schlüssel-Wert-Paaren.
- *Dateien:* zur Sicherung komplexer Datenmengen im internen/externen Speicher. Das Konzept zum Lesen/Schreiben von Dateien wurde unverändert aus der Java-Programmierung übernommen (FileInputStream/FileOutputStream).
- *Datenbanken:* Zur Sicherung gleichförmiger Datenmengen.

In der Demo-Anwendung wird das Konzept der Datenbank verwendet, um die Namen der Nutzer der Applikation sowie den Zeitpunkt der Nutzung zu speichern.

3.1.5.4.3.1. SQLite Datenbank

Android stellt mit der Integration der SQLite-Programmbibliothek eine leichtgewichtige Datenbank-Lösung bereit, welche keine Client-/Server-Architektur benötigt. Stattdessen wird die komplette Datenbank in einer einzigen *.db*-Datei im Verzeichnis */data/data/<package name>/databases/* abgelegt.

Für die Arbeit mit einer SQLite-Datenbank empfiehlt es sich die Android-Klasse *SQLiteOpenHelper* zu erweitern. Diese stellt Methoden für die Erzeugung und Modifikation der Datenbank und der Datenbank-Tabellen bereit. Die Definition der Datenbank-Tabellen kann in bekannter SQL-Syntax erfolgen. Der folgende Code-Ausschnitt aus der Beispiel-Applikation demonstriert die Erstellung einer Datenbank *users.db* mit der Tabelle *user*:

```
public class DBManagerClass extends SQLiteOpenHelper {
    private static final String DB_NAME = "users.db";
    private static final int DB_VERSION = 1;
    private static final String DB_USER_TABLE_NAME = "user";

    private static final String DB_USER_TABLE_CREATE =
            "CREATE TABLE "+DB_USER_TABLE_NAME+" ("+
            "_id INTEGER PRIMARY KEY AUTOINCREMENT, "+
            "user VARCHAR(30), "+
            "modified VARCHAR(30))";

    public DBManagerClass(Context context) {
        super(context, DB_NAME, null, DB_VERSION);
    }
    public void onCreate(SQLiteDatabase arg0) {
        arg0.execSQL(DB_USER_TABLE_CREATE);
    }
}
```

Auf die Datenbank kann fortan zugegriffen werden, indem die Methoden
getReadableDatabase() oder getWriteableDatabase() auf eine Instanz der
DBManagerClass-Klasse angewendet werden.[1] Das _id-Attribut ist zwingend erforderlich,
sofern die Datenbank-Tabelle als Datenbasis für einen Content Provider verwendet werden
soll.

3.1.5.4.3.2. Implementierung des Content Providers

Nachdem die SQLite-Datenbank, als Datenbasis für den Content Provider, eingerichtet
wurde, wird im folgenden Schritt ein entsprechender Content Provider implementiert,
welcher die Daten für andere Anwendung zur Verfügung stellt. Wie bereits erwähnt, muss
ein Content Provider, die vom Interface Content Resolver geforderten Methoden
implementieren:

- query(), für die Bearbeitung einer Anfrage an den Provider bzw. Resolver.
- insert(), zum einfügen neuer Datensätze in die Datenbasis des Providers.
- update(), zum modifizieren bestehender Datensätze.

---

[1] Siehe Kapitel 3.1.5.4.3.2

- `delete()`, zum löschen bestehender Datensätze.
- `getType()`, für die Rückgabe des *MIME*-Typen der bereitgestellten Daten.

Wie die meisten der vom System bereitgestellten Content Provider, ist der Provider, der in der Beispiel-Anwendung implementiert wird, ausschließlich lesbar. Demzufolge wird lediglich die Methode `query()` benötigt. Alle weiteren Methoden werfen bei Aufruf eine *UnsupportedOperationException*.

Die Methode `query()` des Beispiel-Providers *ContentProviderUserDB* führt eine Datenbank-Abfrage entsprechend der übergebenen Selektions-Parameter aus und gibt als Ergebnis einen Cursor zurück, der auf den ersten gefundenen Datensatz zeigt.

```
public Cursor query(Uri arg0, String[] arg1, String arg2,
    String[] arg3, String arg4) {
        mDatabase = mDBManager.getReadableDatabase();

        Cursor c = mDatabase.query(
            "user",    // Tabellenname
            arg1,      // String-Array der gewünschten Spalten
            arg2,      //  SQL-Selektion WHERE
            arg3,      // Argumente für die SQL-Selektion
            null,      // Gruppierung GROUP_BY
            null,      // Filter für Gruppierung HAVING
            arg4);     // Sortierung ORDER_BY
        return c;
    }
```

Da der Content Resolver anhand einer URI eigenständig den passenden Provider ermittelt, muss jeder Content Provider eine eindeutige URI des *content*-Schemas definieren, die fortan vom Content Resolver zur eindeutigen Identifizierung dieses Providers verwendet werden kann.

```
public static final Uri CONTENT_URI =Uri.parse(
    "content://de.fhwedel.androidapp.content.userprovider");
```

Zuletzt muss der Content Provider im Android-Manifest der Anwendung bekannt gemacht werden.

```
<provider
    android:name =
        "de.fhwedel.androidapp.content.ContentProviderUserDB"
    android:authorities =
        "de.fhwedel.androidapp.content.userprovider">
</provider>
```

Im *android:authorities* Attribut des *<provider>* Elements wird angegeben unter welcher URI der Provider erreichbar ist.

3.1.5.5. Android Manifest

Das Android-Manifest ist ein obligatorischer und wichtiger Bestandteil einer jeden Android-Anwendung. Sie liegt im Wurzelverzeichnis der Anwendung und enthält unter anderem eine genaue, in XML verfasste Beschreibung aller zu der Anwendung gehörenden Komponenten. Die Einstiegs-Activity der Demo-Anwendung wird beispielsweise folgendermaßen beschrieben:

```
<activity android:name=".Main"
        android:label="@string/app_name"
        android:screenOrientation="portrait">
    <intent-filter>
        <action android:name="android.intent.action.MAIN" />
        <category android:name="android.intent.category.LAUNCHER"/>
    </intent-filter>
</activity>
```

Die Activity Main erhält hier über das Attribut *android:label* einen Anzeigenamen, der als String mit dem Schlüssel *app_name* in der *strings.xml* Datei im */res/* Verzeichnis hinterlegt wurde.[1] Über das Attribut *android:screenOrientation* wird festgelegt, dass das Anzeige-Format dieser Activity *portrait*, also Hochkant, ist. Außerdem wurde dieser Activity automatisch ein Intent-Filter hinzugefügt, welcher Intents vom Typ *MAIN* entgegennimmt. Die zugewiesene Kategorie *LAUNCHER* deutet darauf hin, das diese Activity als Programmeinstiegspunkt fungiert.

Darüber hinaus werden weitere Applikations-spezifische Konfigurationen im Manifest

---

[1] Siehe Kapitel 3.1.4, Zugriff auf Ressourcen

vorgenommen:[1]

- Der Package-Name der Anwendung wird im package-Attribut des *<manifest>* Elements festgelegt.

- Die Versions-Nr. der Anwendung wird im *android:versionName*-Attribut des *<manifest>* Elements angegeben.

- Die mindestens unterstützte Version der Android-API wird in dem Element *<uses-sdk>* festgehalten.

- Bibliotheken, mit denen die Anwendung verlinkt werden muss, sind hier mittels des *<uses-library>* Elements anzugeben.

Außerdem ist jede von der Anwendung benötigte Berechtigung in der Manifest-Datei anzugeben. Die systembezogenen Standard-Berechtigungen sind als Konstanten in der Android-Klasse permissions definiert. Sie werden der Anwendung mittels des *<uses-permission>* Elements zugeteilt. Der Demo-Anwendung werden die Berechtigungen zur Nutzung des Netzwerks und zur Entgegennahme von empfangenen SMS-Nachrichten gewährt:

```
<uses-permission android:name = "android.permission.INTERNET">
<uses-permission android:name = "android.permission.RECEIVE_SMS">
```

Weitere Aktionen, die eine Berechtigung erfordern, sind beispielsweise der Zugriff auf das GPS-Modul oder auf die Speicherkarte, die Nutzung der Telefon-Funktion oder das Aufnehmen mit der Kamera. Die Berechtigungen, die einer Anwendung durch ihren Entwickler gewährt wurden, sind zum einen beim Download der App aus dem Android Market ersichtlich.[2]

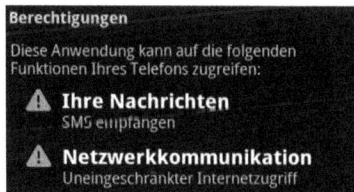

Abb. 24: Berechtigungen der Demo-App; eigene Darstellung

Im Manifest können ebenso individuelle Berechtigungen für die Nutzung der eigenen

---

[1] Vgl. Becker, Arno / Pant, Marcus: Android 2, 2010, S.85
[2] Auch nachträglich über: Menü→Einstellungen→Anwendungen→"Anwendungen verwalten"

Anwendung definiert werden. Für die Definition der erforderlichen Berechtigung wird ein *permission* Element benötigt:

```
<permission android:name =
        "de.fhwedel.androidapp.USE_MUSIC_SERVICE">
```

Anwendungen, welche die Komponente, in der dieses *permission* Element enthalten ist, benutzen wollen, müssen ein entsprechendes *uses-permission* Element in ihrem eigenen Manifest deklarieren.

3.1.6. Weitere Konzepte der Android Entwicklung

In diesem Abschnitt sollen einige weitere Konzepte des Android-Frameworks, welche nicht direkt den Grundkonzepten zuzuordnen sind, kurz vorgestellt werden. Einige der hier gezeigten Konzepte sind zu Demonstrations-Zwecken in der Beispiel-Anwendung implementiert wurden. Die genaue Umsetzung wird hier jedoch nicht erläutert.

3.1.6.1. Location Based Services

Location Based Services umfassen alle Dienste, die im Zusammenhang mit der Lokalisierung des mobilen Endgerätes stehen, wie etwa Navigations- oder Tracking-Dienste. Die zentrale Klasse für die Bereitstellung von Lokalisierungsfunktionen ist *LocationManager* aus dem *android.location*-Package. Der LocationManager ist die Schnittstelle zum GPS-Modul des mobilen Endgerätes. Er nutzt aber ebenso Informationen aus dem Funknetz für eine unterstützende Feststellung der Positionsdaten.

Die Klasse LocationManager wird nicht direkt instanziiert. Stattdessen wird über die Methode getSystemServices() eine Instanz des Systems angefordert. Im Grunde hat der LocationManager drei Funktionen:[1]

- Lieferung der letzten bekannten Position.
- Signalisierung wenn ein definierter Abstand zu einer angegebenen Position unterschritten wird.
- Periodische Lieferung von Positionsdaten über einen assoziierten Listener.

In der Beispiel-Anwendung wird letztere Funktion in der GPS-Tracker-Demo dazu genutzt,

---

[1] Vgl. Becker, Arno / Pant, Marcus, 2010: Android 2, S.325

um die zurückgelegte Distanz des mobilen Endgerätes, nach Start der Tracking-Funktion, aufzuzeichnen. Hier greift der LocationManager auch auf Funkzellen-Informationen zurück, für den Fall, dass das GPS-Modul nicht zur Verfügung stehen sollte.

Um auf das GPS-Modul zugreifen zu können, muss im Android-Manifest der Anwendung die Berechtigung *android.permission.ACCESS_FINE_LOCATION* gesetzt sein.

Für die Anzeige von Positionsdaten auf Kartenmaterial, bietet Google eine externe Library an, die bequem über den *Android SDK and AVD Manager* bezogen werden kann. Um die Google Maps APIs nutzen zu können, wird jedoch eine entsprechende Registrierung bei Google notwendig. Des Weiteren sind diverse Nutzungseinschränkungen, insbesondere bei einer geplanten kommerziellen Verwendung, in Kauf zu nehmen. Es können jedoch auch alternative APIs, wie die auf Open Street Map basierenden Mobile Maps APIs, verwendet werden.

3.1.6.2. Zugriff auf Hardware-Komponenten

Mit der Nutzung des GPS-Moduls über den LocationManager, wurde bereits ein Hardware-Zugriff demonstriert. Im Folgenden soll der Zugriff auf einige weitere Hardware-Komponenten kurz skizziert werden:

- Lautsprecher und Mikrofon: Die Klassen *MediaPlayer* und *MediaRecorder* sind für den Zugriff auf diese Hardware-Komponenten prädestiniert. Sie lassen sich direkt instanziieren und, nach der individuellen Konfiguration, mittels eines einfachen `start()`-Methoden-Aufrufs nutzen. Die Klasse MediaPlayer wird an einigen Stellen in der Demo-App für die Musik-Wiedergabe eingesetzt.
- Kamera: Die Kamera eines mobilen Endgerätes wird mittels der Methoden der Klasse *Camera* angesteuert. Eine Referenz auf die Kamera wir mit der Methode `Camera.open()` erzeugt und mit `release()` wieder freigegeben.
- Sensoren: Die Schnittstelle zu den Sensoren des mobilen Endgerätes bietet die Klasse *SensorManager*. Genau wie der LocationManager, wird der SensorManager nicht direkt instanziiert, sondern beim System mittels `getSystemServices()` angefordert. Eine Liste der verfügbaren Sensoren kann über den Methodenaufruf `getSensorList()` erstellt werden. Sensoren können periodisch mit einem assoziierten Event-Listener ausgewertet werden. Die Klasse *SensorDemo* der

Beispiel-Anwendung demonstriert den Einsatz des SensorManagers.

3.1.6.3. Grafik

Für die Erzeugung Formularähnlicher Oberflächen genügt es, sich an den vom Android-Framework bereitgestellten GUI-Elementen zu bedienen. Das Android-Framework liefert alle benötigten Funktionalitäten, um die so erzeugte Oberfläche automatisch im *„View hierarchy drawing process"* des Systems zeichnen zu lassen.

Erfordern die Anforderungen an die Oberfläche jedoch eine hochspezialisierte Darstellung der View-Elemente, die nicht durch das bereitgestellte Repertoire gedeckt werden können, so kann der Entwickler alternativ auf das *Canvas*-Objekt, welches jede View-Klasse innehält, zugreifen, um individuelle *drawing*-Operationen durchzuführen.

Eine derartige Vorgehensweise lässt sich in den *CustomView*-Klassen *CustomViewForDiagram* und *CustomViewForTouchDraw* der Beispiel-Anwendung vefolgen. Letztere Klasse implementiert darüber hinaus einen *OnTouchListener*, so dass Zeichnungs-Operationen auf dem Canvas der View, durch Benutzereingaben ausgelöst werden können.

Das Neuzeichnen der View-Canvas lässt sich über die Methode `invalidate()` erzwingen. Auf diese Art und Weise können animierte Inhalte im Canvas erstellt werden. Bequemer lassen sich Animationen über die Beschreibung von Transformationen in XML-Format erstellen. Diese werden in einer XML-Datei im Ordner */res/anim/* gespeichert und können dann zur Laufzeit geladen sowie auf beliebige View-Elemente angewendet werden.

In der Beispiel-Anwendung liegt eine Transformationsbeschreibung als *anim.xml*-Datei vor. Diese wird zur Laufzeit, in der *GraphicsDemo*-Klasse, auf ein *ImageView*-Element des zugehörigen Layouts angewendet.

Um komplexe 3D-Grafiken erstellen zu können, wird der Einsatz der OpenGL ES Programmbibliotheken notwendig. Diese umfangreichen APIs sollen im Rahmen dieses Buches nicht behandelt werden.

3.1.7. Socket-Programmierung in Android

Die Kernfunktionalitäten der Demo-Anwendungen für iOS und Windows Phone liegen in dem Aufbau einer Socket-Verbindung zu einem TCP-Server. Diese Server-Komponente wird in der Android Demo-Anwendung bereitgestellt. Implementiert wird sie in der *ServicesDemo*-Klasse, wo sie Steuerungsbefehle für einen Musik-Service entgegennimmt und Nachrichten dieses Services an ihre Clients zurückliefert.

Die Socket-Programmierung in Android entspricht Eins-zu-Eins der Socket-Programmierung in Java. Es werden ausschließlich *java.**-Packages verwendet. Die Implementierung wird im Folgenden kurz skizziert.

1. Es wird Server-seitig ein Socket auf dem Port 30999 geöffnet.
2. Es wird auf eingehende Verbindungen gewartet, mittels `serverSocket.accept()`.
3. Wird Client-seitig eine Verbindung zum Server aufgebaut, so wird Server-seitig ein weiterer Socket, für die Kommunikation mit dem verbundenen Client, initialisiert.
4. *Input-* und *Output-Streams* werden eingerichtet. Die Kommunikation kann beginnen.
5. Beendet der Anwender die Verbindung, so werden Client- und Server-Socket geschlossen, mittels `close()`.

Die komplette Server-Logik wird in einem eigenen Thread abgearbeitet, da das Warten auf eine Client-Verbindung mittels `serverSocket.accept()` den UI-Thread blockieren würde.

Es wird nur eine Verbindung erlaubt. Wird diese Verbindung beendet, so beginnt die Server-Logik wieder bei Schritt zwei.

Die Kommunikation mit dem Musik-Service, der in einem anderen Prozess läuft, erfolgt über Messenger- und Handler-Objekte. Diese Art der Interprozess-Kommunikation wurde in Kapitel 3.1.5.3.3.2 erläutert. Damit der Musik-Service genutzt werden kann, muss er gestartet und an die *ServicesDemo*-Activity gebunden worden sein

3.1.8. Programmstruktur der Android Beispiel-Anwendung

In der nachstehenden Abbildung soll die Programmstruktur der Demo-App grafisch veranschaulicht werden. Dabei wurde insbesondere Wert darauf gelegt, dass die Implementierung und die Zusammenhänge der in diesem Kapitel kennengelernten, Grundkonzepte der Android-Entwicklung leicht verständlich „rübergebracht" werden.

Auf die darüber hinaus gehenden Funktionalitäten der Demo-App wird in dem Schaubild nicht eingegangen.

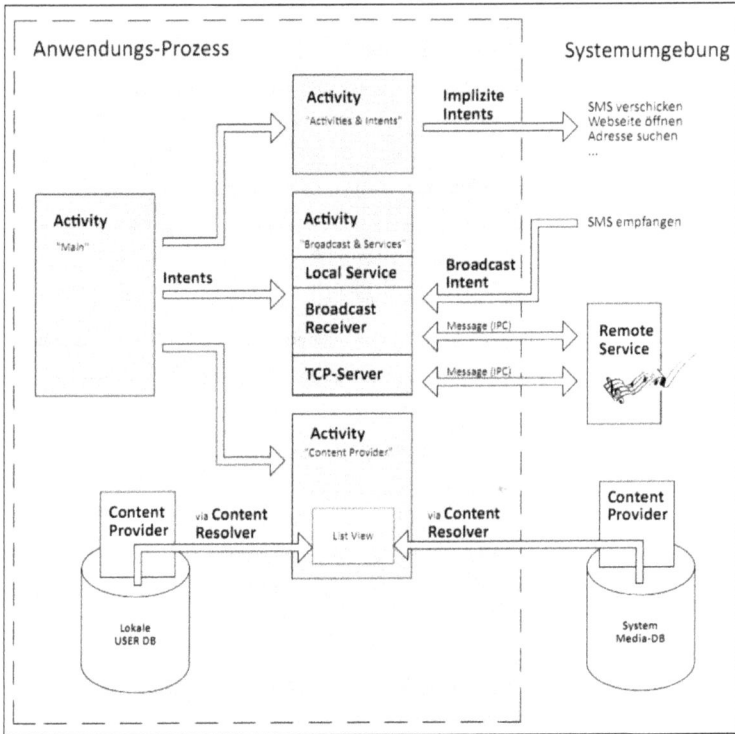

Abb. 25: Strukturplan der Android Demo-App; eigene Darstellung

3.2. iOS

3.2.1. System-Architektur

Das Betriebssystem iOS von Apple ist ein, für den mobilen Einsatz optimierter Ableger des Desktop-Betriebssystems Mac OS X, welches wiederum auf einem UNIX-Kernel basiert. Im Gegensatz zum Android-Betriebssystem, ist iOS nicht dafür vorgesehen auf Plattformen unterschiedlichster Anbieter zu laufen, sondern wird ausschließlich für Apple-eigene

Hardware wie das iPhone, den iPod touch, das iPad und AppleTV[1], eingesetzt.

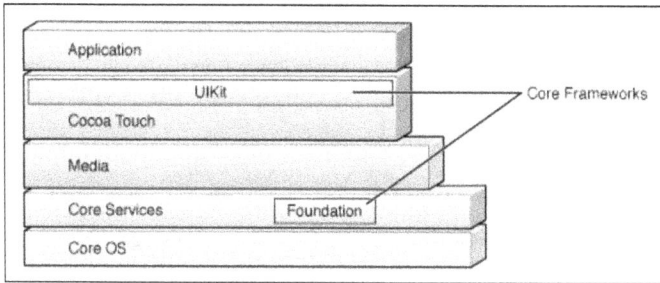

Abb. 26: Architektur von iOS; o.V.: iOS Developer, 2011

Der modifizierte UNIX-Kernel findet sich in der untersten Abstraktions-Schicht der iOS-Architektur wieder und stellt die fundamentalen Funktionalitäten des Betriebssystems, wie das Threading (POSIX), Standard-E/A, BSD-Sockets, diverse Geräte-Treiber, Power Management, sowie Bonjour, eine Apple-eigene, konfigurationslose Technologie zum automatischen Aufspüren von Geräten und Diensten im IP-Netzwerk, zur Verfügung.

Auf dem Fundament, dem Core OS Layer, aufliegend, befindet sich der Core Service Layer, welcher alle grundlegenden Systemservices beherbergt. Die für die Entwicklung von iOS-Applikationen wichtigsten hier angesiedelten Komponenten sind das Core Foundation- sowie das darauf aufbauende Foundation-Framework. Core Foundation beinhaltet C-Interfaces für die Bereitstellung grundlegender Datenverarbeitungs-Operationen, wie etwa die Handhabung von Arrays, Strings oder Streams. Das Foundation Framework liefert hingegen die entsprechenden Funktionalitäten in Form von Objective-C Basisklassen, angefangen bei NSObject bis hin zu NSArray, NSString und so weiter.[2]

Weitere wichtige Komponenten sind das Core Data Persistenz-Framework, welche die ebenfalls in der Core Service Schicht ansässige SQLite-Bibliothek um weitere Funktionalitäten ergänzt, das Core Location Framework für die Nutzung der GPS-Funktionen, sowie das Store Kit Framework, welches den sicheren und bequemen Erwerb von Upgrades und Add-Ons zu einem App, aus der laufenden App heraus ermöglicht.

Der Media-Layer liefert alle Funktionalitäten für die Aus- bzw. Wiedergabe von

---

[1] AppleTV ab der zweiten Generation
[2] Das Foundation Framework stellt also quasi die Objektorientierung der C-Sprache her.

audiovisuellen Inhalten. Den Großteil der grafischen Ausgaben erledigt das vektorbasierte *Core Graphics Framework*, auch unter dem Namen *Quartz* bekannt. Auf einem höheren Abstraktionslevel befinden sich hier beispielsweise noch das *Core Animation Framework* für die Erstellung animierter Inhalte und das *Media Player Framework* zur Wiedergabe von Audio- und Video-Dateien. Für die Unterstützung von grafisch aufwendigen 2-D und 3-D Inhalten setzt Apple, genauso wie Googles Android, auf die bewährte Open GL ES Bibliothek.

Die Architektur-Schicht, in welcher sich der iOS-Entwickler die meiste Zeit bewegen wird, ist der *Cocoa Touch Layer*. Hauptbestandteil der Cocoa Touch Schicht ist das *UIKit Framework*, welches unter anderem die komplette Applikations-Infrastruktur und alle Benutzeroberflächen-Elemente, wie Buttons, Eingabefelder, Labels, etc. beinhaltet. Das UIKit ist eng verwoben mit dem bereits erwähnten Foundation Framework aus der Core Service Schicht, da dieses alle benötigten Basisklassen bereitstellt.

Weitere Komponenten, welche die Cocoa Touch Schicht bereithält, sind zum Beispiel das *Event Kit Framework*, welches Standard-Views für die Darstellung und Bearbeitung von Kalenderdaten enthält, das *iAd Framework*, welches das Einbinden von Werbebannern erleichtert, und das *Game Kit Framework*, welches mit Hilfe der Peer-to-Peer- und Bonjour-Technologie einen Multiplayer-Betrieb bei Spielen ermöglicht.

3.2.2. Laufzeitverhalten

3.2.2.1. Lebenszyklus einer iOS Anwendung

Nachdem eine iOS-Applikation vom Benutzer gestartet wurde, beginnt ihr Lebenszyklus mit dem Aufruf der Zustandsübergangs-Methode `application:didFinishLaunching WithOptions:` in der Applikations-Delegat-Klasse. Das Applikations-Delegat steuert den gesamten Lebenszyklus der Anwendung bis zur Beendigung durch die Methode `applicationWillTerminate:`.[1]

Wurden alle Initialisierungsmaßnahmen durchgeführt, so begibt sich die Anwendung in den Zustand *Active*, die den Methodenaufruf `applicationDidBecomeActive:` zur Folge hat. Die Applikation läuft jetzt im Vordergrund.

---

[1] Das Konzept der Delegation wird in Kapitel 3.2.5.1 erläutert.

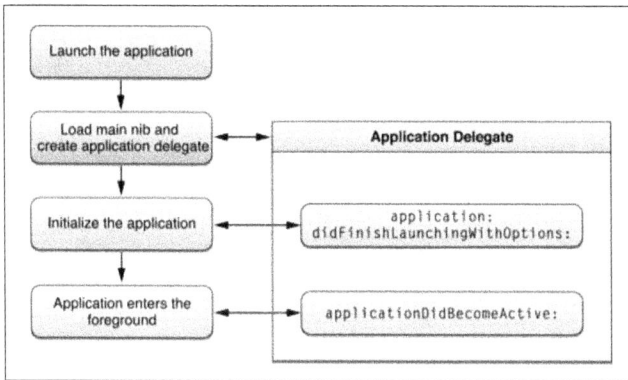

Betätigt der Anwender den Home-Button oder startet eine andere Anwendung, so werden nacheinander die Zustandsübergangs-Methoden `applicationWillResignActive:` und `applicationDidEnterBackground:` aufgerufen. Diese überführen die Anwendung in den Zustand *Background*, sofern sie, unter bestimmten Voraussetzungen, weiterhin Anwendungs-Code ausführen darf[1], oder aber in den Zustand *Suspended*, der jede Code-Ausführung quasi einfriert. Eine Background Anwendung kann auch nachträglich in den Zustand Suspended überführt werden, wenn die Voraussetzungen für den Background-Zustand ihre Gültigkeit verlieren.

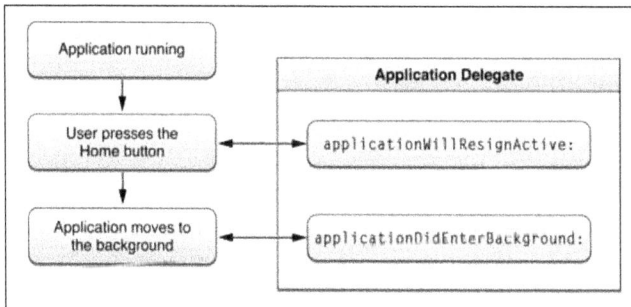

Im Zustand Background und Suspended, kann die App jederzeit, zum Beispiel auf Grund von Speichermangel, vom System beendet werden. Befindet sie sich im Zustand Suspended

---

[1] Multitasking-Funktionalitäten, siehe Kapitel 3.2.2.3

wird die Methode `applicationWillTerminate:` nicht mehr aufgerufen. Spätestens in der Methode `applicationDidEnterBackground:` sollten also alle Zustands-Informationen und Anwendungsdaten gesichert werden.

Navigiert der Anwender zu einer Background-Anwendung zurück, so werden nacheinander die Zustandsübergangsmethoden `applicationWillEnterForeground:` und `applicationDidBecomeActive:` aufgerufen, welche die Anwendung wieder zurück in den Zustand *Active* überführen.

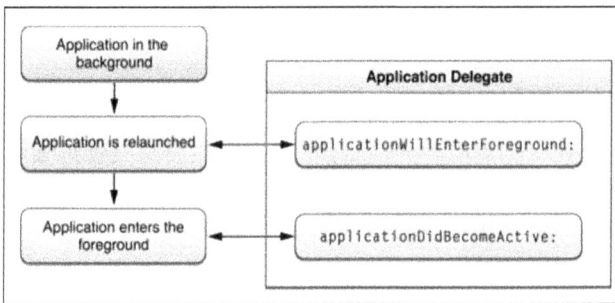

Abb. 29: iOS App-Lebenszyklus, Teil *Relaunch-State*; eigene Darstellung

Wie an diesen Ausführungen zu erkennen ist, werden Anwendungen standardgemäß nie direkt beendet, sondern immer erst in den Zustand Background oder Suspended überführt. Das System gibt den belegten Speicherplatz erst bei Bedarf frei.

3.2.2.2. Sandbox und Datenaustausch

Genau wie Applikationen in der Android-Laufzeitumgebung, werden auch iOS-Anwendungen in einer abgeschotteten *Sandbox* ausgeführt – unter anderem mit einem eigenen, geschützten Bereich im Hauptspeicher, wie auch im Dateisystem. Apple geht jedoch einen vergleichsweise restriktiveren Weg, indem es jede Form des direkten Austausches von Daten zwischen Drittanbieter-Anwendungen gänzlich unterbindet.

Android hingegen bietet dafür beispielsweise das Konzept der Content Provider an, welches auch von Drittanbieter-Anwendungen implementiert werden kann. Funktionalitäten, die dem eines Content Providers unter Android am nächsten kommen, sind auf iOS-Systemebene beispielsweise das *AdressBook Framework* für die Bereitstellung und

Bearbeitung von Kontaktdaten, seit iOS 4.0, das *Event Kit Framework* zur Anzeige und Bearbeitung von Kalenderdaten, oder die *iPod Library* für den Zugriff auf die Medien-Bibliothek.

3.2.2.3. Multitasking und Interapplikations-Kommunikation

Ein Manko, das dem mobilen Apple-Betriebssystem lange Zeit anhaftete, war das Fehlen einer Multitasking-Lösung für Drittanbieter-Programme.[1] Bis zur iOS-Version 4.0 konnten Drittanbieter-Apps nicht simultan im Betrieb bleiben. Wurde eine weitere Anwendung geöffnet, so schloss iOS die bislang aktive Applikation und entfernte sie vollständig aus dem Speicher. Eine Rückkehr des Benutzers zu diesem Programm wurde durch einen einfachen Neustart realisiert. Standardgemäß wurde der Anwendungs-Zustand nicht gesichert. Apple begründete das Fehlen einer Multitasking-Lösung mit dem Hauptargument der Ressourcen- und Akku-Schonung.

Seit der Version 4.0 allerdings realisiert iOS einen *Quasi*-Multitaskmodus für Drittanbieter-Apps. Von einem *echten* Parallel-Betrieb mehrerer Anwendungen im Hintergrund, wie es etwa bei Googles Android der Fall ist, kann aber nach wie vor nicht die Rede sein. Stattdessen ermöglicht Apple Multitasking-Funktionalität mittels drei kombinierbarer Lösungsansätze:

- *Fast App Switching*: Beim Wechsel zu einer anderen Anwendung wird die bislang aktive App nicht mehr geschlossen, sondern von der Code-Ausführung suspendiert. Der aktuelle Anwendungszustand bleibt im Hauptspeicher erhalten, bis der Anwender mittels Doppelklick auf den Home-Button zurückkehrt. Welche Zustandsdaten gespeichert werden sollen, muss der Entwickler selbst bestimmen.

- *Task Completion*: Anwendung können nach ihrer Beendigung, einen letzten Task innerhalb einer definierten Zeitspanne zum Abschluss bringen. Ein Beispiel ist insbesondere das Herunterladen von Daten aus dem Netzwerk. Das entsprechende Zeitfenster wird mit dem Methodenaufruf

  `beginBackgroundTaskWithExpirationHandler:`

  beantragt.

- *Local Notifications*: Apps können das Benachrichtigungssystem von iOS verwenden,

---

[1] Systemprogramme bzw. die interne Systemumgebung laufen seit jeher im Multitasking-Modus. So wird die Musik-Wiedergabe bspw. nicht beendet wenn eine andere Anwendung in den Vordergrund tritt.

um im suspendierten Zustand sogenannte *Local Notifications* an den Benutzer zu verschicken. Dies kann beispielsweise genutzt werden, um den Benutzer über das Ende eines Hintergrund-Downloads zu informieren.

- *Long Running Background-Tasks*: Die Implementierung langlaufender Hintergrundoperationen genügen den Erwartungen an einen echten Multitaskbetrieb noch am ehesten. Jedoch duldet iOS nur drei Kategorien langlaufender Hintergrundaktivitäten: Audio-Wiedergabe, Lokalisierungs-Maßnahmen und *Voice over IP* Telefonie.[1] Die Anwendung muss ihren Anspruch mit dem entsprechendem Schlüsseleintrag audio, location oder voip in der UIBackgroundModes-Eigenschaft ihrer *Info.plist* Datei geltend machen.

Wie anhand der Ausführungen zu erahnen ist, liegt die Verantwortung für die Inbetriebnahme einer Hintergrundaktivität sowie für das Treffen der notwendigen Vorkehrungen auf Seiten des Entwicklers.

Seit Version 4.0 erweitert iOS den Lebenszyklus eines Apps um die Events applicationWillResignActive: und applicationDidEnterBackground:, welche aufgerufen werden bevor eine Anwendung in den Hintergrund tritt (siehe Abb.28 in Kapitel 3.2.2.1). Innerhalb dieser Methoden sollte der Entwickler alle Vorkehrungen für die Speicherung des Anwendungs-Zustandes und für den Start etwaiger Hintergrund-Aktivität treffen.

Dass Apple kein *echtes* Multitasking implementiert wird nach wie vor hauptsächlich mit dem befürchteten Anstieg des Stromverbrauchs begründet. Auf der anderen Seite besteht allerdings auch immer die Frage, ob die primäre Zielgruppe Apples, der private Endanwender, für *echtes* Multitasking überhaupt Bedarf hat oder ob ihm Apples aktuelle Lösung der Problematik nicht völlig ausreicht. Immerhin hat Apple einen Ansatz gefunden, der zum einen das Multitasking auf Desktop-Systemen nahezu hinreichend nachahmt und zum anderen den Ansprüchen der ressourcenschonenden Programmierung auf leistungsbegrenzten, mobilen Endgeräten genügt.

Wie das Multitasking wird auch die Interapplikations-Kommunikation in einer nur begrenzten Form ermöglicht. Dazu wird das Konzept der *Custom URL Schemes* genutzt.

---

[1] Das bekannte Drittanbieter-Programm *Skype* darf z.B. für unbeschränkte Zeit im Hintergrund aktiv bleiben.

Custom URL Schemes ähneln in Grundzügen dem Prinzip der impliziten Intents und Intent-Filter in Android. Anwendungen legen demnach ein URL-Schema fest, unter welchem sie aufgerufen werden möchten und deklarieren dieses in ihrer *Info.plist* Datei, welche in ihrer Funktionsweise wiederum dem Android-Manifest ähnlich ist. Eine andere Anwendung, welche diese URL aufruft, öffnet damit die assoziierte Applikation. Nachrichten können in Form eines URL-konformen Parameter-Strings übermittelt werden, welcher der Custom URL angehängt wird.[1]

Ein beispielhafter Aufruf einer Anwendung mit dem URL-Identifier *com.receiver.www*, dem Custom Scheme *my-scheme* und der Nachricht *param1=task_id1* sowie den improvisierten Absender-Informationen *sender=com_absender_www&scheme=my_absender_scheme* im Parameter-String, könnte demnach so aussehen:

```
NSURL *myURL = [NSURL URLWithString:
    @"my-scheme://www.receiver.com?param1=task_id1&
    sender=com_absender_www&scheme=my_absender_scheme"];
[[UIApplication sharedApplication] openURL:myURL];
```

3.2.2.4. Memory Management

Das Memory Management von iOS ist zum Teil auf die Mitwirkung des Entwicklers angewiesen. Aus Performance-Gründen, wie die Begründung von Apple lautet, wird in der Laufzeitumgebung von iOS auf einen *Garbage Collector* verzichtet. Dadurch ist der Entwickler dazu verpflichtet, den Speicher seiner allozierten Objekte nach Gebrauch selbst wieder freizugeben.

Da für die korrekte Speicher-Allokation und -Freigabe in Objective-C ein komplexes Regelwerk mit vielen Richtlinien und ebenso vielen Ausnahmen existiert, kann es durchaus vorkommen, dass, trotz größter Vorsicht, ein Speicherleck entsteht, welches das Programm zum Absturz zwingt. Um dies zu verhindern legt Apple dem Entwickler eine Reihe von leistungsfähigen Werkzeugen an die Hand, die bei der Suche und Analyse von Speicherproblemen zur Laufzeit behilflich sind. Das sind insbesondere der *Static Code Analyzer*, welcher bereits zur Entwicklungszeit eingesetzt werden kann und Hinweise auf potentielle Speicherlecks liefert, und des Weiteren das Laufzeit-Analyse Werkzeug

---

[1] Entsprechend RFC 1808

Instruments, auf welches in Kapitel 3.2.3.2 näher eingegangen wird.

Bevor eine App auf Grund von Speichernotstand beendet wird, löst iOS ein *MemoryWarning*-Event aus, welches in der Event-Handler-Methode `applicationDidReceiveMemoryWarning`: abgefangen und verarbeitet werden kann. An dieser Stelle sollte, zwecks Rettung der Lauffähigkeit, so viel verwendeter Speicher wie möglich freigegeben werden.

3.2.3. Entwicklungsumgebung und -Werkzeuge

Für die Entwicklung von iOS-Anwendungen schreibt Apple den Einsatz der hauseigenen, integrierten Entwicklungsumgebung *Xcode* vor. Xcode fand seit jeher Verwendung bei der Erstellung von Anwendungen für das Betriebssystem Mac OS X, hauptsächlich in der Sprache Objective-C, wobei aber auch der Einsatz von Sprachen wie AppleScript, Java, Python oder C/C++ unterstützt wurde. Seit der Version 3.1 wird die Entwicklung von Anwendungen für das iOS-Betriebssystem ermöglicht, jedoch ausschließlich in den Sprachen Objective-C und C/C++.

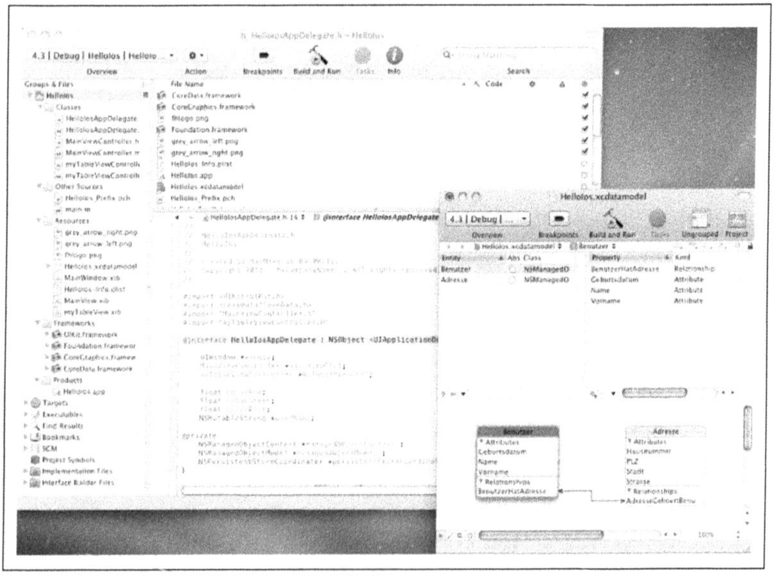

Abb. 30: Xcode-Oberfläche mit Core Data Modellierung; eigene Darstellung

Xcode, das aktuelle iOS SDK, sowie die weiteren Entwicklungstools, sind nach der Registrierung als Apple-Entwickler kostenlos im Gesamtpaket erhältlich.[1] Für den Einsatz von Xcode ist jedoch ein intel-basierter Mac mit mindestens der Betriebssystem-Version Mac OS X 10.5, zwingende Voraussetzung.

Die Xcode IDE verfügt über die meisten der gängigen Funktionen, die auch aus geläufigeren IDEs wie Eclipse oder Visual Studio bekannt sind, wie etwa das Syntax-Highlighting, Code-Vervollständigung oder umfangreiche Debugging-Optionen. Darüber hinaus werden einige weitere nützliche Tools und Funktionalitäten mitgeliefert, die im Folgenden kurz aufgelistet und zum Teil in den späteren Kapiteln umfassender untersucht werden:

- *Core Data Modellierung:* Xcode bietet eine grafische Oberfläche zur Modellierung eines Entity-Relationship-Diagramms für die geplante Datenbank-Struktur eines Projektes (siehe Abb.30). Die Umsetzung des grafischen Modells in eine SQLite-Datenbank erledigt Xcode, mittels des Core Data Frameworks, dann quasi automatisch. Die Zugriffsmethoden auf die Datenbank liefert ebenfalls Core Data. Beim Neuanlegen eines Projektes über den XCode-Assistenten, lässt sich durch Anklicken der Check-Box *„Use Core Data for storage"* ein, für den Datenbank-Einsatz bereits vorkonfiguriertes Projekt erstellen.
- *Static Code Analyzer:* Ein nützliches Werkzeug, welches bereits vor dem Kompilieren eingesetzt werden kann, um den Programmcode in Bezug auf die Aspekte Logik, Speichermanagement, ungenutzte Variablen und API Verwendung untersuchen zu lassen. Die Ergebnisse einer Untersuchung sind eher als Verdacht denn als Fakt zu interpretieren.[2]
- *Interface Builder:* Ein sehr mächtiges Werkzeug für die Erstellung der grafischen Benutzeroberfläche. Der Interface Builder wird in Kapitel 3.2.3.1 näher untersucht.
- *Instruments:* Ein Tracing- und Profiling-Tool für die Performanz-Analyse einer Applikation zur Laufzeit. Hier können beispielsweise Speicherlecks ausfindig gemacht oder die CPU-Auslastung beobachtet werden.
- *Simulator·* Für die Simulation einer iPhone- bzw. iPad-Laufzeitumgebung.

---

[1] Auf der offiziellen Apple iOS Developer Webseite.
[2] Vgl. Koller, Dirk: iPhone Apps entwickeln, 2011, S.71

Das Werkzeug *Instruments* und der Simulator sollen im Kapitel 3.1.3.2 näher vorgestellt werden.

3.2.3.1. Werkzeuge für das GUI-Design

Eine, aus der Sicht vieler Anwender, große Stärke von Apple-Produkten liegt im optischen Design sowohl der Hardware als auch der Software. So ist es nicht weiter verwunderlich, dass Apple dem Entwickler mit dem *Interface Builder* ein sehr mächtiges und dabei relativ leicht zu bedienendes Werkzeug für die bequeme und ansprechende Gestaltung von Benutzeroberflächen zur Verfügung stellt. Die Funktionsfülle von Interface Builder ähnelt annähernd einem kleineren Grafikbearbeitungs-Programm, angereichert mit Funktionalitäten für die Verknüpfung von grafischen Elementen mit Programmlogik.

Interface Builder arbeitet mit Xib- bzw. Nib-Dateien, welche die Beschreibung der GUI im XML-Format beinhalten. Bei der Neuanlage eines iOS-Projektes, enthält die zugehörige erste Nib-Datei mindestens ein *window*-Element, welches dem Mainscreen einer iOS-Anwendung entspricht und zu Beginn durch ein leeres Fenster im Interface Builder Editor repräsentiert wird. Das window-Element wird je Anwendung nur einmal erzeugt und bildet die höchste Ebene einer View-Hierarchie. Soll eine Anwendung über mehrere Screens verfügen, ist es üblich, dass window unberührt zu lassen und die Screens in separaten View-Elementen zu modellieren.

Die Zuordnung eines im Interface Builders erzeugten Screens zu dem Programmteil, welcher die Logik für den Screen beinhaltet, dem sogenannten *Controller,* erfolgt über die Proxy-Objekte *File's Owner* und *First Responder*, welche zusammen mit dem window-Element im Dokumenten-Fenster des Interface Builders aufgelistet sind. Hier lässt sich nach dem Hinzufügen von weiteren Elementen zum window bzw. View auch die Hierarchie der GUI-Elemente überprüfen.

Im Editor-Bereich des Interface Builders findet die eigentliche Gestaltung der Screens einer Anwendung statt. Die verfügbaren Gestaltungs-Elemente wie Buttons, Textfelder, Labels, spezielle Views (Bilder, Listen, Karten etc.) und viele weitere, lassen sich hier aus dem *Library*-Fenster per Drag-and-drop in den entsprechenden Screen einsetzen. Automatisch eingeblendete Anordnungs-Linien helfen bei der punktgenauen Platzierung der Elemente.

Da die Anzahl der potentiellen Bildschirmgrößen und -Auflösungen, mit den Geräten iPhone, iPod touch und iPad, relativ überschaubar ist, war es für Apple ein leichtes, Interface Builder als echten *„what you see is what you get"*-Editor zu implementieren. Anders als beim Oberflächen-Editor der Android Development Tools, besteht hier nicht die Gefahr, dass das gewünschte Oberflächen-Design, durch nachträgliche Skalierung auf unterschiedlichen Geräten, seine ursprüngliche Form und Ergonomie verliert.

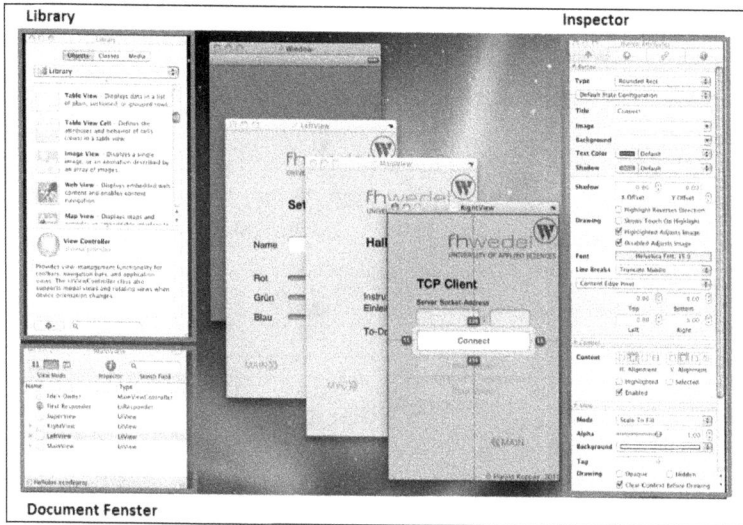

Abb. 31: Interface Builder mit Window und Screens der Demo-App; eigene Darstellung

Im *Property-Inspector* Fenster des Interface Builders können alle Eigenschaften eines ausgewählten Elements angezeigt und bearbeitet werden. So enthält der Reiter *Attributes* alle Einstellungen, welche das optische Erscheinungsbild eines Elements, wie Farbe, Beschriftung, Schriftgröße, Schriftart, Transparenz, Sichtbarkeit und vieles weitere, betreffen. Des Weiteren lässt sich im Reiter Identity unter anderem die zugrunde liegende *UIKit*-Klasse des ausgewählten Elementes auswählen. Das ist zum Beispiel dann nützlich, wenn anstatt eines gewöhnlichen *UIButtons* eine eigene, modifizierte Button-Klasse verwendet werden soll.

Um die Benutzer-Interaktionen mit den GUI-Elementen verarbeiten zu können, müssen auch hier Verbindungen von den einzelnen Elementen zu dem Controller hergestellt werden. Dies geschieht im *Connections*-Reiter des Property Inspectors. Hier lässt sich zum einen das GUI-Element selbst mit der repräsentierenden Instanz-Variablen im

Programmcode assoziieren, und zum anderen können hier auch alle Ereignisse, die in Bezug auf das Element auftreten können, wie etwa das einfache Drauf-klicken (*onTouchUpInside*), mit den entsprechenden Callback-Methoden im Programmcode verbunden werden.

Eine Verbindung wird durch das Ziehen einer grafischen Linie, mittels gedrückter Maustaste, zwischen den beiden zu verbindenden Objekten erstellt. In der Abb. 32 wird beispielsweise eine Verbindung zwischen dem *onTouchUpInside*-Event eines Button-Elements und der `btnNetworkingTouched:`-Methode des Controllers hergestellt. Der Controller wurde vorab über die *Identity*-Eigenschaft des *File's Owner* Proxy-Objektes eingestellt.

Durch die Verknüpfung von Oberflächen-Events mit den Verarbeitungsmethoden im Programmcode, wird auf Interface Builder Ebene das *Target Action* Entwurfsmuster realisiert, welches ein häufig wiederkehrendes Konzept der iOS-Entwicklung ist und in Kapitel 3.2.5.2 über Entwurfsmuster näher beleuchtet wird.

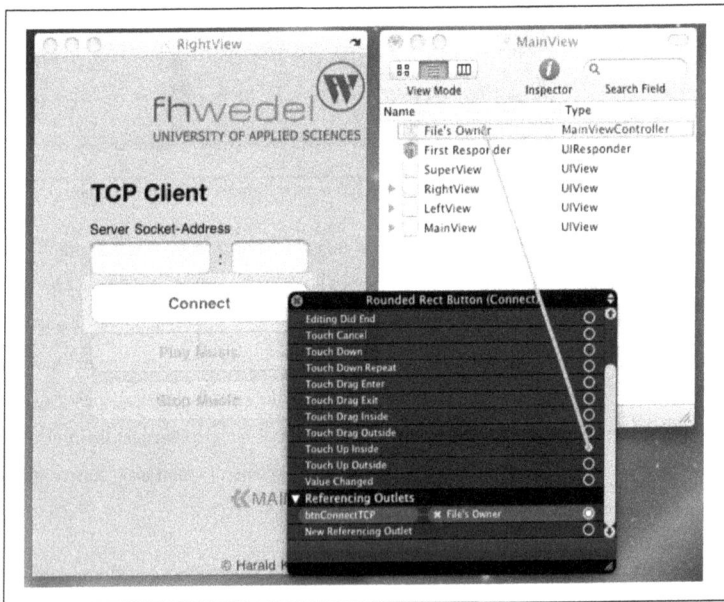

Abb. 32: Verbindung von GUI-Element und Controller mit Interface Builder; eigene Darstellung

Abschließend sei noch zu bemerken, dass das Herstellen einer logisch korrekten

Verbindung bei Weitem nicht so trivial ausfällt, wie es die bequeme, grafische Realisierung im Interface Builder vermuten lässt. Logische Fehler, sowie Inkonsistenzen, wie sie nach einer nachträglichen Umbenennung von Verbindungsobjekten entstehen können, werden erst zur Laufzeit moniert und können eine langwierige Fehlersuche nach sich ziehen.

3.2.3.2. Debugger und Simulator

Im Gegensatz zu Android, verwendet die iOS-Entwicklungsumgebung kein Emulator-System um ein physisches Gerät nachzubilden, sondern einen Simulator. Dieser verhält sich, auf Grund einer unzureichenden Nachbildung der Smartphone-typischen ARM-Prozessor-Architektur, in vielen Belangen anders als sein physisches Pendant. So kann es schon mal vorkommen, dass ein im Simulator erkanntes, vermeintliches Speicherleck, sich bei Anschluss eines physischen Gerätes als Fehlalarm herausstellt.[1]

Da lediglich das iPhone, der iPod touch und das iPhone zu simulieren sind, ist die optische Darstellung sowie die Bedienung jeweils original-getreu umgesetzt. Logging- und Debug-Ausgaben des Simulators lassen sich in der Konsole verfolgen.

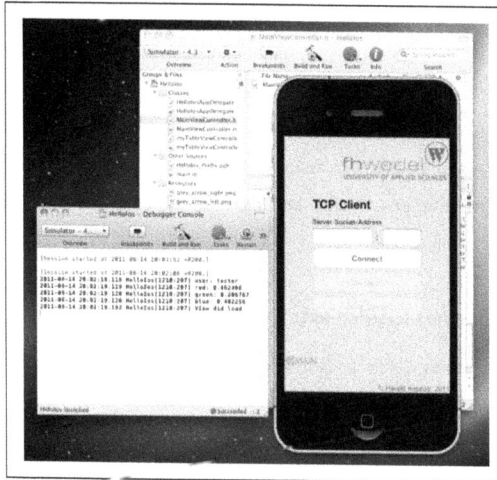

Abb. 33: iPhone-Simulator und Konsole; eigene Darstellung

Über das Menü des Simulators lässt sich ein Speichernotstand simulieren. Funktionen zur

---

[1] Vgl. Koller, Dirk: iPhone-Apps entwickeln, 2011, S.45

Simulation von Anrufen, SMS oder GPS-Positionsdaten, wie sie aus der Android-Emulation bekannt sind, fehlen hier aber komplett.

Der GNU Debugger von XCode unterstützt die gängigen Debug-Funktionen, wie das Setzen von Breakpoints, schrittweise Code-Ausführung, Inspizieren und Setzen von Variablen. Die Ausgabe von Logging-Meldungen zur Laufzeit wird mittels des Befehls NSLog() erreicht. Um etwa den Inhalt einer Variablen index ausgeben zu lassen, wird folgender Aufruf getätigt:

```
NSLog(@"Inhalt von index: %@", index);
```

Ein wichtiges Werkzeug für die Performanz-Analyse einer Anwendung zur Laufzeit, wird mit dem *Instruments*-Tool mitgeliefert. Insbesondere die Suche nach Speicherlecks in der Anwendung, wird durch dieses Werkzeug gravierend erleichtert. Des Weiteren können unter anderem, die CPU-Aktivität, die Anzahl der erzeugten Objekte und Speicherzugriffe verfolgt werden.

Das Debuggen von Anwendungen auf einem physischen Gerät ist nicht ohne Weiteres möglich. Es wird ein Entwickler-Zertifikat, das allgemeine WWDR-Zertifikat, eine App ID sowie ein *Developer Provisioning Profile* benötigt. Letzteres muss sowohl in Xcode als auch auf dem physischen Endgerät eingepflegt werden. Die entsprechenden Dateien werden dem Entwickler zur Verfügung gestellt, sofern er sich an dem *Apple Development Program* für 99 USD im Jahr anmeldet. Ein Assistent, der dem Entwickler bei der Erstellung der notwendigen Zertifikate und Profile behilflich ist, befindet sich auf den Seiten des *Provisioning Portals* von Apple.

3.2.4. Aufbau eines iOS-Projekts

Bei der Neuanlage eines iOS-Projekts in Xcode bietet der Assistent sechs vorkonfigurierte Applikationstypen zur Auswahl an:

- *Window-based Application:* Der Standard-Projekttyp.
- *View-based Application:* Der Standard-Projekttyp wird um einen View-Controller erweitert.
- *Navigation-based Application:* Der Standard-Projekttyp wird um einen speziellen View-Controller (TableView) und einen Navigation-Controller (Navigationsleiste)

erweitert.

- *Tab Bar Application:* Der Standard-Projekttyp wird um einen Tab Bar Controller und einen View-Controller für das erste Tab erweitert.

- *OpenGL ES Application:* Der Projekttyp für die Erstellung von grafikintensiven 2-D und 3-D Anwendungen.

- *Utility Application:* Der Standard-Projekttyp wird um ein zusätzliches View erweitert, dass in den meisten Fällen als Einstellungsseite verwendet wird.

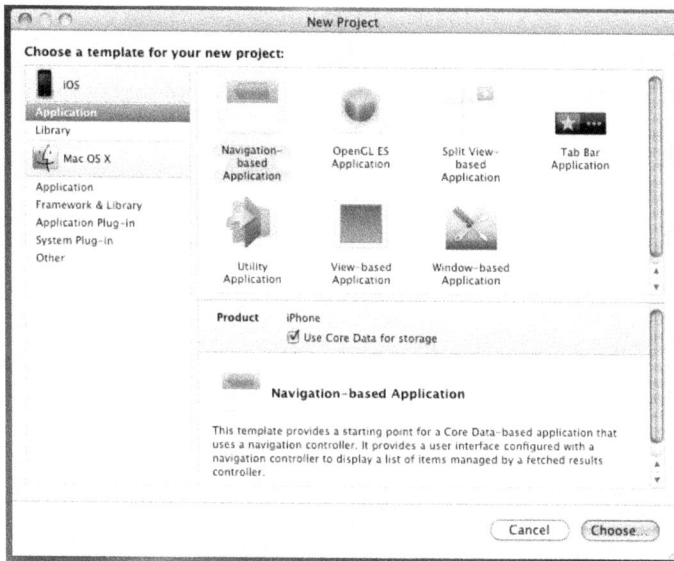

Abb. 34: Projekttypen in Xcode; eigene Darstellung

Des Weiteren besteht die Möglichkeit über eine Checkbox die Verwendung von vorkonfigurierten *Core Data* Zugriffmechanismen zu aktivieren, welche beispielsweise für die Handhabung einer, der Applikation zugrunde liegenden Datenbank verwendet werden können.

Je nach Auswahl des Projekttyps, legt Xcode eine Basis-Projektstruktur an. Die Projektstruktur der Window-based Application beinhaltet mindestens die folgenden Dateien:

Datei	Beschreibung
<appname>-Info.plist	*plist* steht für *property list*. Die Datei enthält somit alle wichtigen Applikationsübergreifenden Einstellungen, wie etwa den App-Namen, den Namen der Haupt-Nib-Datei, Einstellungen für die Anzeige der Statusleiste, etc. Die Info.plist Datei entspricht in etwa der Manifest-Datei eines Android-Projekts.
*<appname>*_Prefix.pch	Die Prefix.pch Datei ist eine spezielle Objective-C Header-Datei, die automatisch in jede weitere Header-Datei eingebunden wird. Hier lassen sich also alle applikationsweit benötigten Bibliotheken importieren.
main.m	Der klassische Programmeinstiegspunkt eines C-Programms. Die `main()`-Funktion wird vom Entwickler in der Regel nicht mehr berührt. Sie enthält einen Aufruf um das *UIApplicationMain*-Objekt zu starten (die eigentliche App). Darüber hinaus initialisiert sie den *Autorelease-Pool*, welcher dem Entwickler in Bezug auf das Memory Management eine Hilfestellung bieten soll. Zum Programmende wird der Speicher aller hier eingepflegten Objekte automatisch freigegeben.
<appname>AppDelegate.h	Die Objective-C Header-Datei der *AppDelegate*-Klasse.
<appname>AppDelegate.m	Die Implementierung der *AppDelegate*-Klasse. Das *AppDelegate* ist der Einstiegspunkt der Programmierung. Hier wird der Lebenszyklus der Anwendung implementiert Der erste Aufruf bezieht sich auf die Event-Handler-Methode `applicationDidFinishLaunching:`. Der letzte Methodenaufruf dient der Speicherbereinigung aller allozierten Objekte `dealloc:`.
MainWindow.xib	Die Haupt-Nib bzw. –Xib Datei des Projekts enthält die Beschreibung der grafischen Benutzeroberfläche. Ein Doppelklick auf diese Datei öffnet den Interface Builder.
*.framework	Die verwendeten Frameworks werden in das Projekt geladen. Zu Beginn sind mindestens die beiden Kern-Frameworks von Cocoa Touch, *UIKit.framework* und *Foundation.framework*, sowie das *CoreGraphics.framework* geladen.

Tab. 7: iOS Projekt Struktur; eigene Darstellung

Die in Xcode angezeigte Verzeichnisstruktur ist rein virtueller Natur. Sie kann nach Belieben umgestellt oder ganz aufgehoben werden. Während des Build-Prozesses wird, unabhängig von der in Xcode verwendeten Verzeichnisstruktur, ein sogenanntes *Bundle*-Verzeichnis mit der Endung *.app* im Dateisystem des Endgerätes installiert.

3.2.5. Basiskonzepte der iOS-Entwicklung

Die Schule der iOS-Programmierung ist überwiegend Entwurfsmuster-orientiert. Dies hat seine Begründung darin, dass Apple selbst auf allen Ebenen seiner Entwicklungs-Frameworks einen roten, entwurfsmuster-orientierten Faden verfolgt. Möchte der Anwendungs-Enwickler mit dem *Cocoa Touch Framework* effizient und konsistent arbeiten, so bleibt ihm meist keine andere Wahl als diese Strategie fortzuführen.[1]

Die erste Konfrontation mit einem Entwurfsmuster erfolgt bereits direkt nach dem Anlegen eines neuen Projektes. Die hierbei erstellte *AppDelegate*-Klasse, welche den Programmier-Einstiegspunkt einer jeden App darstellt, verkörpert das Entwurfsmuster der *Delegation*. Dieses sowie die weiteren essentiellen und immer wiederkehrenden Entwurfsmuster *Model View Controller* und *Target Action*, sollen in den folgenden Abschnitten kurz erläutert werden.

Für die Herstellung des praktischen Bezugs werden repräsentative Beispiele und Code-Ausschnitte aus der iOS Demo-Anwendung herangezogen.

3.2.5.1. Delegation

Die *Delegation* ermöglicht es einem Objekt Funktionalitäten zu definieren, die es jedoch nicht selbst implementiert, sondern diese stattdessen einem anderen Objekt für die konkrete Implementierung nach dessen eigener Vorstellung mitteilt. Um welche Funktionalitäten es sich dabei handeln soll, definiert das delegierende Objekt in einem *Protokoll* – welches dem Interface in der Java-Welt entspricht. Die Implementierung der Funktionalitäten durch das beauftragte Objekt kann dabei als obligatorisch oder optional gekennzeichnet werden. Das iOS-Delegation-Pattern implementiert in den Grundzügen das *Decorator*-Pattern der klassischen Entwurfsmuster-Lehre, während das Protokoll dem

---

[1] Selbstverständlich verfolgen auch Android und Windows Phone 7 Entwurfsmuster-orientierte Implementierungsstrategien, führen diese aber nicht in der expliziten Form an, wie es das Cocoa Touch Framework von Apple tut.

Adapter-Pattern entspricht.[1]

Wie bereits gezeigt, ist das erste Delegations-Muster mit dem der Entwickler konfrontiert wird in der *AppDelegate*-Klasse *<appname>AppDelegate.m* einer jeden Anwendung zu finden. Die AppDelegate-Klasse erbt von der Foundation Framework Basis-Klasse *NSObject* und folgt dem UIKit Protokoll *UIApplicationDelegate*, wie auch der Header-Datei *HelloIosAppDelegate.h* der Demo-Anwendung zu entnehmen ist:

```
@interface HelloIosAppDelegate : NSObject <UIApplicationDelegate>
```

Salopp formuliert kümmert sich die mobile Anwendung lediglich darum, dass sie gestartet wird und alle notwendigen Ressourcen mit lädt. Was danach passieren soll, überlässt sie ihrem Delegations-Objekt dem AppDelegate, welches der Entwickler mit Leben füllt.

Eine der wichtigsten Methoden, die das UIApplicationDelegate-Protokoll zur obligatorischen Implementation vorschreibt, ist die Zustandsübergangs-Methode `didFinishLaunchingWithOptions:`. Diese wird direkt nach dem Start der Anwendung aufgerufen und enthält zu Beginn lediglich den Aufruf `[self.window makeKeyAndVisible]`, welcher bewirkt, dass das window-Objekt angezeigt wird und ab sofort alle Benutzereingaben entgegennimmt. In der Methode `didFinishLaunchingWithOptions:` sollte der Entwickler alle anwendungsübergreifenden Initialisierungen vornehmen.[2]

Das Delegations-Muster findet weiterhin häufig bei bestimmten GUI-Elementen, wie beispielsweise bei Texteingabefeldern Anwendung. Das *UITextFieldDelegate*-Protokoll beschreibt unter anderem eine Methode `textFieldShouldReturn:`, die mit der Betätigung der *RETURN*-Taste der Touchscreen-Tastatur umgehen soll. In der Beispiel-Anwendung wird diese Methode, für das Eingabefeld des Benutzernamens dahingehend implementiert, dass sie bei Betätigung der *RETURN*-Taste, die Tastatur wieder ausblendet, da dieses Verhalten sonst nicht automatisch erwartet werden kann.

Um die durchgehende Verwendung des Delegations-Musters durch den Entwickler zu

---

[1] Vgl. o.V.: iOS Developer, Cocoa Design Patterns, 2010 und Weiterführendes: Gamma, Erich, u.a.: Entwurfsmuster, 2001

[2] Die Methode entspricht also der `onCreate()`-Methode einer Android-Einstiegskomponente (in den meisten Fällen eine Activity).

gewährleisten, empfiehlt Apple explizit, statt der Verwendung von Subklassen, zunächst die Delegations-Protokolle der Basis-Klasse dahingehend zu prüfen, ob nicht bereits eine Funktionalität definiert wurde, welche den Ansprüchen des Entwicklers genügt.[1]

3.2.5.2. Target Action

Das *Target Action Muster* wird in der iOS-Programmierung überwiegend dazu eingesetzt, um eine Beziehung zwischen einem GUI-Element und seinem Controller zu erzeugen. Das *Target* wäre in diesem Falle die konkrete Controller-Klasse und die *Action* eine Methode der Controller-Klasse. Das Target Action Pattern wird in der Java-Welt durch die *Event-Listener* realisiert und entspricht dem *Command*-Pattern der Entwurfsmuster-Lehre.[2]

Interface Builder ermöglicht es dem Entwickler eine Target Action Beziehung mittels Ziehen einer grafischen Linie zwischen GUI-Element und der Controller-Klasse – im Interface Builder durch das Proxy-Objekt *File's Owner* repräsentiert – zu ermöglichen.[3] Die gewünschte Action bzw. die Zielmethode muss in der Header-Datei der Controller-Klasse als *IBAction*-Methode deklariert sein. Ebenso muss das betreffende GUI-Element, der Controller-Klasse mittels Deklaration als *IBOutlet*-Instanzvariable bekannt gemacht werden. IBAction für Methoden und IBOutlet für GUI-Elemente sind keine eigenständigen Klassen, sondern lediglich Kennzeichner, die es Interface Builder ermöglichen mit diesen Objekten zu interagieren.[4]

In der Demo-App wird beispielsweise eine Verbindung zwischen dem *Connect*-Button des „*TCP Client*"-Fensters und der `btnNetworkingTouched`: Methode (Action) der Klasse *MainViewController* (Target) erzeugt (siehe Abb.32). Die Deklaration des Buttons und der Methode im Header der Controller-Klasse lautet dementsprechend:

```
IBOutlet UIButton *btnConnectTCP;
-(IBAction)btnNetworkingTouched:(UIButton *)btn;
```

Eine Target Action Beziehung kann auch programmatisch bzw. dynamisch zur Laufzeit der Anwendung erstellt werden. In der Demo-Anwendung werden alle sichtbaren Screens

---

[1] Vgl. o.V.: iOS Developer, Cocoa Design Patterns, 2010
[2] Vgl. o.V.: iOS Developer, Cocoa Design Patterns, 2010 und Weiterführendes: Gamma, Erich, u.a.: Entwurfsmuster, 2001
[3] Siehe Kapitel 3.2.3.1.
[4] Eine IBAction-Methode könnte demnach auch als void-Methode deklariert werden, wird dann aber nicht mehr vom Interface Builder erkannt.

(Views) zur Laufzeit mit einem Gesten-Erkenner für Wisch- bzw. *Swipe*-Gesten ausgestattet. Dieses Objekt vom Typ *UISwipeGestureRecognizer* wird mit einer Target Action Beziehung initialisiert:

```
self.swipeRecognizer = [[UISwipeGestureRecognizer alloc]
        initWithTarget:self action:@selector(onSwipe:)];
```

Da die Swipe-Erkennung bereits im betreffenden Controller, der *MainViewController*-Klasse, erzeugt wird, genügt als Übergabe-Parameter für das Target ein *self*. Die Action wird mittels einem *selector* – ein Objective-C-eigenes Konstrukt, welches die dynamische Auswahl einer Methode ermöglicht – und dem Methodennamen onSwipe: übergeben.

3.2.5.3. Model View Controller

Das *Model View Controller* Entwurfsmuster, kurz *MVC*, ist eines der bekanntesten und grundlegendsten Entwurfsmuster in der iOS-Entwicklung und darüber hinaus. Es sieht die Trennung des Anwendungsinhaltes in die drei funktionalen Bereiche Oberfläche (*View*), Programmlogik (*Controller*) und Datenschicht (*Model*) vor. Der Controller übernimmt dabei die Rolle des Mittlers zwischen der Daten- und der Oberflächenschicht. Das MVC Pattern kombiniert die Muster *Composite*, *Mediator* und *Observer* der klassischen Entwurfsmuster-Lehre.[1]

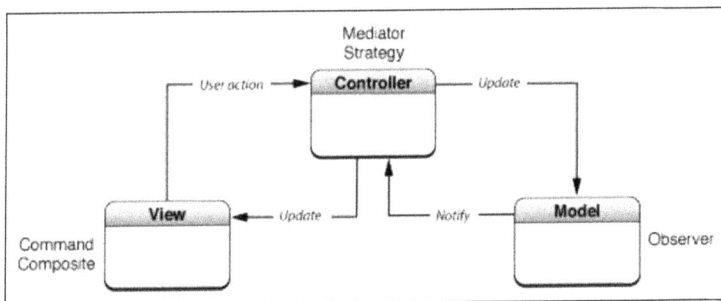

Abb. 35: MVC Entwurfsmuster; o.V.: Apple Developer, 2011

Die Screens/Views *LeftView*, *MainView* und *RightView*, sowie das *window*-Objekt der

---

[1] Vgl. o.V.: iOS Developer, Cocoa Design Patterns, 2010 und Weiterführendes: Gamma, Erich, u.a.: Entwurfsmuster, 2001

Demo-Anwendung entsprechen der View-Komponente des MVC-Musters. Der Interface Builder ist sozusagen das Werkzeug, welches für die View-Ebene einer Anwendung zum Einsatz kommt.

Die einzelnen Views werden in der Demo-Anwendung von einem Controller MainViewController gesteuert. Dieser nimmt alle Benutzer-Interaktionen mit den GUI-Elementen entgegen (*user action* Verbindung in Abb. 35) verarbeitet diese – gegebenenfalls unter Einbeziehung der Model-Schicht – und erzeugt entsprechende Reaktionen, die im View angezeigt werden (*update* Verbindung zwischen Controller und View).

Die Model-Schicht des MVC-Musters wird in der Demo-Anwendung durch die Verwendung der *NSUserDefaults*-Klasse repräsentiert. Die NSUserDefaults-Klasse liefert die Zugriffsmethoden auf eine persistente *UserDefaults*-Datenbank, die im Ordner */Library/Preferences/* des Anwendungsverzeichnisses, automatisch erstellt wird. Die Daten, die hier gesichert werden, sind der Benutzername und die Farbeinstellungen, welche im *LeftView* eingegeben werden können. Der View-Controller initiiert die Speicherung sobald der *LeftView* verlassen wird (*update* Verbindung zwischen Controller und Model) und veranlasst das Laden aus der Datenbank sobald die Anwendung gestartet wurde (*notify* Verbindung).

Apple motiviert den Entwickler zur Befolgung des MVC-Paradigmas indem es einige vorkonfigurierte Templates bereitstellt, welche sozusagen die Weichen für eine konsistente, MVC-konforme Implementation stellen. Diese sind beispielsweise das *View-based Application* Template, sowie die *Tab Bar* und *Navigation-based Application* Templates, welche eine Erweiterung des erstgenannten Templates darstellen.

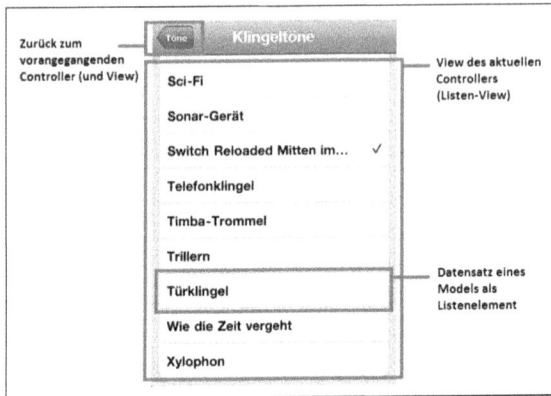

Abb. 36: Ein Screen der Navigation-based Einstellungen-App; eigene Darstellung

Tatsächlich sind eine Vielzahl der in iOS anzutreffenden Anwendungen vom Typ Navigation-based, wie etwa das Einstellungen-App, die iTunes-App[1] oder die Kalender-App. Sie zeichnen sich dadurch aus, dass sie am oberen Bildschirmrand eine Navigationsleiste beherbergen, welche wiederum die grafische Repräsentation einer Sammlung von Controllern darstellt. Die Views einer Navigation-based Application sind in der Regel listenförmig aufgebaut und beherbergen in der höchsten Detailierungstiefe zumeist die Datensätze eines Daten-Modells. In der Einstellungen-App, im View des Klingeltöne-Controllers, wären das beispielsweise die auf dem Speichermedium gefundenen Audiodateien des Typs Klingelton.

3.2.6. Socket-Programmierung in iOS

Die Kernfunktionalität der iOS Demo-App liegt in dem Aufbau einer TCP/IP-basierten Verbindung zur Android Demo-App, welche die Server-Funktionalitäten implementiert, die es Clients ermöglicht den Musik-Service der App zu nutzen.

---

[1] Die iTunes-App ist sogar eine Kombination aus Navigation-based und Tab Bar Application.

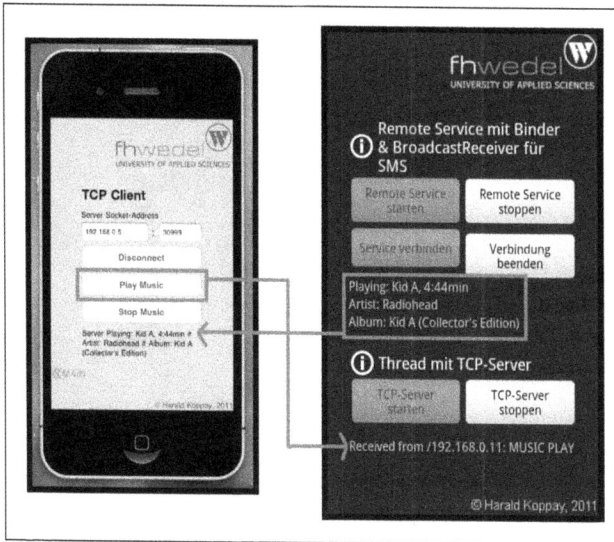

Abb. 37: Interaktion von iOS und Android App; eigene Darstellung

Auch in iOS erfolgt der Aufbau einer TCP/IP-Verbindung, unabhängig von der eingesetzten Programmiersprache, in einem gewohnten Muster:

1. Aufbau der Socket-Verbindung zum Host – mit IP-Adresse und Portnummer.
2. Initialisierung und Bereitstellung von Streams für das Lesen und Schreiben auf der Socket-Verbindung.
3. Lese-/Schreib-Operationen.
4. Schließen der Streams und Beendigung der Socket-Verbindung.

Für das Lesen und Schreiben von Daten werden die Klassen *NSInputStream* und *NSOutputStream* des *Foundation Frameworks* eingesetzt. Da diese Klassen keine Methoden besitzen, um eine Netzwerk-Verbindung zu einem Remote Host aufzubauen, müssen auf ihre Low-Level-Pendanten, die in C verfassten Klassen *CFReadStremRef* und *CFWriteStreamRef* des *Core Foundation Frameworks*, zurückgegriffen werden.

Der Aufbau der Verbindung zum TCP-Server des Android-Apps, erfolgt nach Betätigung des Connect-Buttons im Client-Screen der Demo-App, innerhalb der initNetworkCommunication-Methode:

```
-(void)initNetworkCommunication {
    CFReadStreamRef readStream;
    CFWriteStreamRef writeStream;
    CFStreamCreatePairWithSocketToHost(NULL,
        (CFStringRef)ipAddressTextField.text,
        [portTextField.text intValue], &readStream, &writeStream);
}
```

IP-Adresse und Portnummer werden aus den entsprechenden Eingabefeldern im Client-Screen geholt. Da in der Folge nur noch die Objective-C-Klassen NSInputStream und NSOutputStream verwendet werden sollen, werden die Zeiger readStream und writeStream auf NSStream-Zeiger gecastet:

```
inputStream = (NSInputStream *)readStream;
outputStream = (NSOutputStream *)writeStream;
```

Die NSStream-Klasse stellt ein Delegate-Protokoll zur Verfügung, welches eine Methode zur Behandlung von Stream-Events definiert. Da der *MainViewController* diese Methode implementieren soll, wird er als Delegat für NSStream-Objekte ausgewiesen:

```
[inputStream setDelegate:self];
[outputStream setDelegate:self];
```

Um nicht den UI-Thread der Anwendung zu blockieren während auf Stream-Events gewartet wird, kommt eine *NSRunLoop* zum Einsatz, die sicherstellt, dass das Stream-Delegat nur die Prozessorzeit bekommt, die es für die Abarbeitung von eintreffenden Stream-Events benötigt. Im Anschluss können die Streams geöffnet werden:

```
[inputStream scheduleInRunLoop:[NSRunLoopcurrentRunLoop]
    forMode:NSDefaultRunLoopMode];
[outputStream scheduleInRunLoop:[NSRunLoopcurrentRunLoop]
    forMode:NSDefaultRunLoopMode];

[inputStream open];
[outputStream open];
```

Wurde die Verbindung erfolgreich aufgebaut, so wird dies Server- und Client-seitig angezeigt. Über die Buttons *Play Music* und *Stop Music* des Clients, können fortan Kommando-Strings an den Server geschickt werden. Diese werden als Byte-Stream an den `outputStream` übergeben:

```
NSString *playCmd = [NSString stringWithFormat:@"MUSIC PLAY\n"];
NSData *playCmdData = [[NSData alloc] initWithData:
    [playCmd dataUsingEncoding:NSASCIIStringEncoding]];
[outputStream write:[playCmdData bytes]
    maxLength:[playCmdData length]];
```

Der Server seinerseits, schickt ebenfalls Nachrichten in Form eines Byte-Streams. Dieser wird in der, vom Delegate-Protokoll definierten Methode `handleEvent:`, in *NSString*-Objekte encodiert und in einem entsprechenden Label des Client-Screens ausgegeben.

Das Beenden der Verbindung erfolgt durch Schließen der entsprechenden Stream-Objekte:

```
[outputStreamclose];
[inputStreamclose];

[outputStreamremoveFromRunLoop:[NSRunLoopcurrentRunLoop]
    forMode:NSDefaultRunLoopMode];
[inputStreamremoveFromRunLoop:[NSRunLoopcurrentRunLoop]
    forMode:NSDefaultRunLoopMode];
```

3.2.7. Programmstruktur der iOS Beispiel-Anwendung

In der nachstehenden Abbildung soll die Programmstruktur der iOS Demo-App grafisch veranschaulicht werden. Wie auch in dem Diagramm der Android-App aus Kapitel 3.1, wird hier ebenso Wert auf die Veranschaulichung der charakteristischen Grundkonzepte der iOS-Programmierung gelegt.

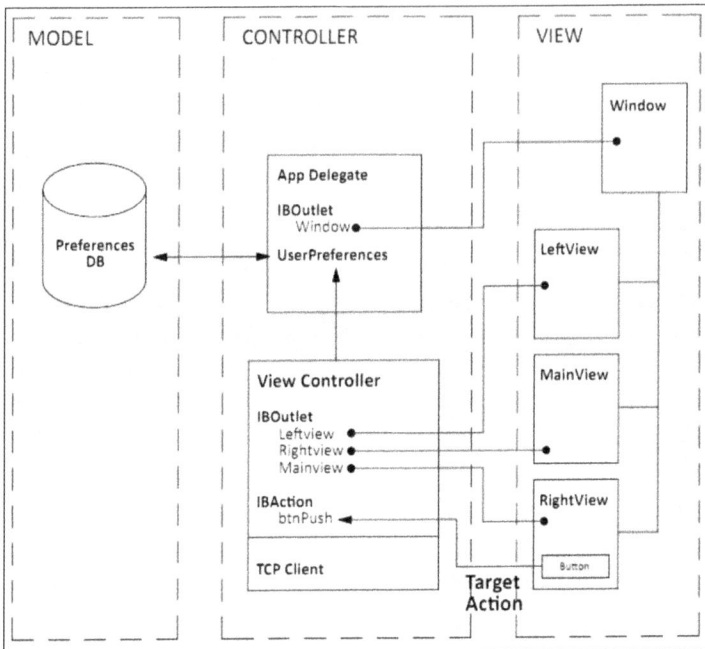

Abb. 38: Strukturplan der iOS Demo-App; eigene Darstellung

3.3. Windows Phone

3.3.1. Windows Phone und Windows Mobile

Windows Phone 7 ist der Nachfolger des Betriebssystems *Windows Mobile*, welches bereits seit dem Jahr 2002 für mobile Endgeräte, hauptsächlich im Geschäftskunden-Bereich, zum Einsatz kommt. Windows Phone 7 ist jedoch nicht als sukzessives, abwärts-kompatibles Upgrade der Windows Mobile Serie zu verstehen, sondern stellt stattdessen einen gravierenden Umbruch sowohl auf technischer Seite als auch in Vertriebs-strategischer Hinsicht dar. So basiert beispielsweise die Oberflächen-Gestaltung von Windows Mobile auf der *Windows Forms* Technologie, die durch Schlichtheit und klare Strukturierbarkeit besticht und sich daher eher für den Business-Einsatz eignet. Windows Phone hingegen setzt auf die Silverlight- bzw. XNA-Technologie, welche grafisch anspruchsvollere Oberflächen-Gestaltung ermöglicht, die wiederum eher den privaten Endanwender ansprechen soll.

128

Neben diesem augenscheinlichen Unterscheidungsmerkmal wurden auch noch einige weitere, technischere Aspekte verändert. Windows Mobile ist ein weitestgehend offenes Betriebssystem, welches Low-Level-Zugriffe auf System-Services und umfangreiche Modifizierungen ermöglicht. Windows Phone ist dagegen als geschlossenes Betriebssystem konzipiert und ermöglicht Systemzugriffe nur noch in regulierter Form über High-Level-APIs. Dementsprechend entfällt bei Windows Phone auch die Möglichkeit nativen C/C++ Code in die eigene Anwendung zu integrieren. Des Weiteren unterbindet Windows Phone, in der ersten und aktuellen Version[1], den parallelen Betrieb von Drittanbieter-Anwendungen.

Alles in allem entsprechen diese restriktiven Prinzipien eher dem Konzept des iOS-Betriebssystems von Apple, als dem Vorgänger-System Windows Mobile oder gar dem offenen System Android von Google. Begründet wurde dieser radikale Schnitt, wie auch bei Apple, durch die primäre strategische Ausrichtung auf die Zielgruppe der privaten Endanwender, denen der Sicherheits-Aspekt wichtiger ist als die Offenheit des Betriebssystems.

Windows Mobile ist jedoch (noch) kein Auslaufmodell. Wie dargestellt, ist es für den Einsatz im geschäftlichen Bereich weiterhin dem, eher Endanwender-orientiertem, Windows Phone vorzuziehen.[2] Dies lässt sich weiterhin dadurch begründen, dass viele für den Business-Einsatz essentielle Funktionen, wie beispielsweise die Arbeit mit einer lokalen Datenbank in Windows Phone noch nicht umgesetzt sind. Um eine stärke Differenzierung zu gewährleisten wird Windows Mobile fortan unter der Markenbezeichnung *Windows Embedded Handheld* geführt.

3.3.2. System-Architektur

Der gemeinsame Nenner von Windows Mobile und Windows Phone ist in dem zugrundeliegenden Kernel zu finden, welcher auf dem *Windows Embedded* Betriebssystem basiert. Dieses ist in seinen verschiedenen Varianten bereits seit 1996 in zahlreichen, unterschiedlichen Systemen, wie Navigationsgeräten, Pocket-PCs oder Kassensystemen aktiv. Der Kernel des Windows Phone Systems ist unter anderem zuständig für die Themen I/O-Operationen, Netzwerk, Sicherheit und für die Bereitstellung der Smartphone-

---

[1] Version 7.0, Stand August 2011
[2] Vgl. Nowak, Peter, u.a.: Entwickeln für Windows Phone 7, 2011, S. 20f.

spezifischen Hardware-Treiber.

Da Windows Phone ein geschlossenes System mit nur wenigen Möglichkeiten zur Anpassung ist, andererseits aber, ganz im Gegensatz zu iOS, auf Smartphones verschiedenster Hardware-Hersteller zum Einsatz kommen soll, stellt Microsoft bestimmte Bedingungen an die Hardware eines Windows Phone Smartphones, unter anderem:[1]

- Display: Kapazitives Display mit Multi-Touch-Unterstützung. Die Auflösung beträgt derzeit genau 800x480 Pixel.
- Prozessor und Grafikchip: ARMv7-Prozessor mit mindestens 1GHz Taktfrequenz und einem DirectX-kompatiblem Grafikchip mit Hardware-seitiger Beschleunigung für Direct3D-/DirectX.
- Speicher: Mindestens 256MB Arbeitsspeicher und 8GB interner Datenspeicher. Externe Speicherkarten sind nicht vorgesehen.
- Sensoren: Beschleunigungs-, A-GPS-, Näherungs- und Lichtsensor, sowie ein Kompass müssen vorhanden sein.
- Kamera: Mindestens 5 Megapixel, automatische Fokussierung und Blitzlicht.

Darüber hinaus gibt es auch Bedienungs-bezogene Vorgaben, wie etwa das vorausgesetzte Vorhandensein der Tasten *Zurück*, *Start* und *Suchen*.

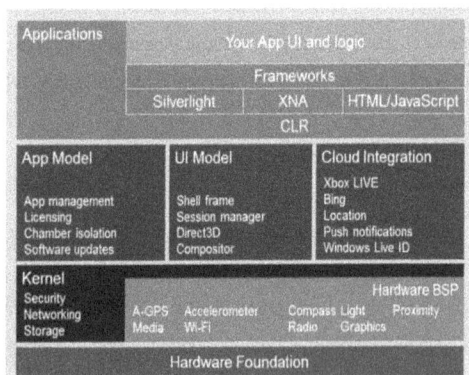

Applications — Your App UI and logic
Frameworks
Silverlight | XNA | HTML/JavaScript
CLR

App Model
App management
Licensing
Chamber isolation
Software updates

UI Model
Shell frame
Session manager
Direct3D
Compositor

Cloud Integration
Xbox LIVE
Bing
Location
Push notifications
Windows Live ID

Kernel
Security
Networking
Storage

Hardware BSP
A-GPS | Accelerometer | Compass Light | Proximity
Media | Wi-Fi | Radio | Graphics

Hardware Foundation

Abb. 39: Windows Phone Architektur; o.V.: Microsoft Developer, 2011

Auf dem Kernel aufliegend befinden sich das *App Model*, das *UI Model* und der *Cloud-*

---

[1] Vgl. Nowak, Peter, u.a.: Entwickeln für Windows Phone 7, 2011, S. 46ff.

Services Integration Layer. Die App Model Funktionalitäten umfassen das Management der App bzw. der *XAP*-Datei, wozu auch das Bereitstellen der Laufzeitumgebung, in Form eines Windows Host-Prozesses, gehört. Ebenso enthält das App Model Schnittstellen für das Updaten und die Lizenzierung der App im *Windows Phone Marketplace*.

Das UI Model ist, wie es die Bezeichnung bereits erahnen lässt, für die Darstellung und Steuerung der grafischen Benutzeroberfläche zuständig. Die Cloud Services bieten Schnittstellen an, um in erster Linie die Microsoft-eigenen Webservices anzusprechen. So wird hier unter anderem die Authentifizierung über den *Windows Live-Dienst* sowie die Integration des *Xbox Live* Services ermöglicht. Cloud Service beinhaltet allerdings auch APIs für den bequemen Zugriff auf eigene Webservices.

Die Anwendungsschicht der Windows Phone Architektur umfasst die *Common Language Runtime* des *.NET Compact Frameworks*, auf welche die Anwendungs-Entwicklungs-Frameworks Silverlight und XNA zugreifen.

Silverlight ist ein abgespecktes .NET-Framework, dessen Laufzeitumgebung ursprünglich für den Einsatz in Browsern entwickelt wurde. Mittlerweile wird Silverlight auch für die Entwicklung von Windows Phone Anwendungen eingesetzt und liefert somit die typischen GUI-Elemente wie Buttons, Text- oder Eingabefelder mit. Anders als beim Vorgänger Windows Forms sind die grafischen Gestaltungsmöglichkeiten jedoch wesentlich umfangreicher.

Das XNA-Framework wird für die Entwicklung grafisch anspruchsvoller Anwendungen – in der Regel Spiele – verwendet, da es die entsprechenden Direct3D- und DirectX-Schnittstellen zur Verfügung stellt. Des Weiteren ist hier die *MediaLibrary*-Klasse angesiedelt, welche zum Beispiel für die Wiedergabe von Audio- und Video-Dateien benötigt wird.

3.3.3. Laufzeitverhalten

3.3.3.1. Lebenszyklus einer Windows Phone Anwendung

Der Lebenszyklus einer Windows Phone Silverlight App[1] beginnt mit dem *Launching*-Event, welches in der Regel durch den Benutzer ausgelöst wird. Solange die Anwendung im Vordergrund ist, befindet sie sich im Zustand *Running*, von wo aus sie mittels des Zurück-Buttons direkt beendet werden kann. Durch Betätigung des Home-Buttons (Windows-Button) oder durch den Aufruf einer Systemfunktion[2], wird die Anwendung in den *Deactivated*-Zustand, auch *Dormant*-Zustand genannt, überführt und hat somit den Vordergrund verlassen. In diesem Zustand ist der Anwendungsprozess suspendiert. Die Anwendung und der Anwendungszustand bleiben jedoch im Hauptspeicher erhalten. Navigiert der Benutzer mittels Zurück-Taste zur Anwendung zurück, so wird der Running-Zustand der Anwendung, samt der im Hauptspeicher gesicherten Zustands-Informationen, automatisch wiederhergestellt.

Eine Anwendung im Dormant-Zustand kann, bei auftretendem Ressourcen-Mangel, vom System in den Zustand *Tombstoned* überführt und somit ganz aus dem Hauptspeicher entfernt werden. Windows Phone verwaltet jedoch ein globales Dictionary-Objekt *State*, welches die Zustände von derzeit maximal fünf Tombstoned Anwendungen speichern kann. Die zu speichernden Zustands-Informationen legt der Entwickler fest. Navigiert der Anwender zu einer Tombstoned Anwendung zurück, so wird diese zwar neugestartet, kann aber auf ihre letzten Zustands-Informationen im State-Objekt zurückgreifen.

In der Abb.40 werden die eben erläuterten Zusammenhänge grafisch veranschaulicht.

---

[1] Apps, die auf dem XNA-Framework basieren, laufen in einer sogenannten Game-Loop.
[2] Siehe Kapitel 3.3.3.2

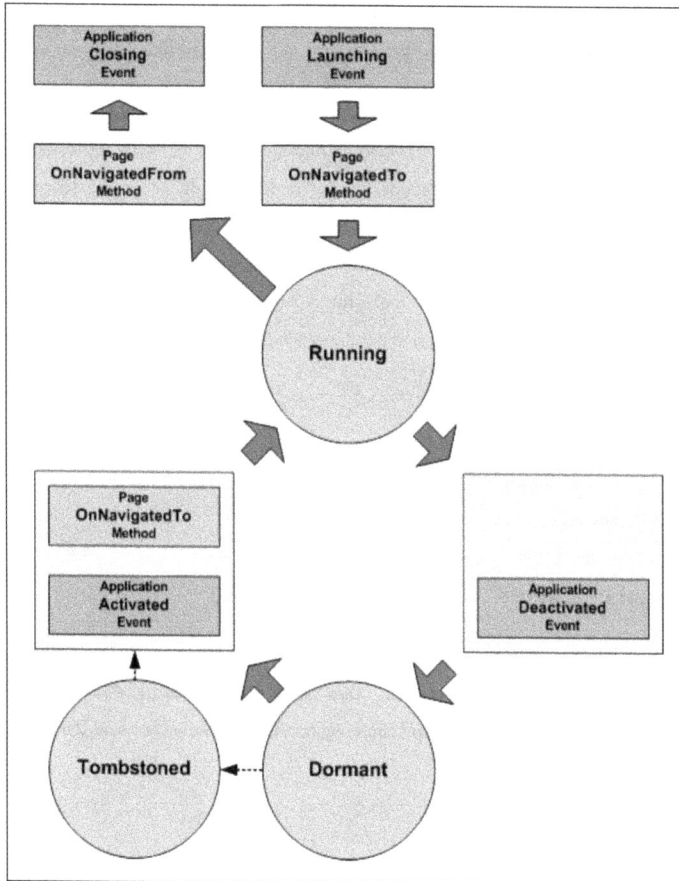

Abb. 40: Lebenszyklus einer Windows Phone Anwendung; o.V.: Microsoft Developer, 2011

Anwendungsdaten die persistent gespeichert werden sollen, sollten sowohl in der `Application_Deactivated()` - als auch in der `Application-Closing()` Methode in den Speicher geschrieben werden.

3.3.3.2. Sandbox und Datenaustausch

Wie Google und Apple, implementiert auch Microsoft eine geschlossene Laufzeit-Umgebung mit einem abgeschotteten, lokalen Speicher für jede Windows Phone Drittanbieter-Anwendung. Das Restriktions-Niveau der Windows Phone Sandbox ist eher im

Bereich der iOS- als im Bereich der freizügigeren Android-Sandbox einzuordnen. Ein direkter Austausch von Daten unter Drittanbieter-Anwendungen ist auch in der Windows Phone Umgebung nicht möglich.

Ein Konzept, welches den Content Providern in Android ähnlich ist, bietet Windows Phone, genauso wie iOS, nur auf Systemebene an. Es handelt sich dabei um die sogenannten *Choosers*, welche, wie die sogenannten *Launchers*, zum Konzept der Windows Phone *Tasks* gehören. Dienste der Kategorie Launcher werden einfach nur aus der eigenen Applikation heraus aufgerufen und liefern bei Rückkehr keinen Ergebniswert. Folgende selbsterklärende Dienste/Aufgaben sind der Kategorie Launcher zugehörig:

- EmailComposeTask
- MarketplaceSearchTask
- MediaPlayerLauncher
- PhoneCallTask
- WebBrowserTask
- und einige weitere

Chooser hingegen, liefern, nach Rückkehr in die aufrufende Anwendung, einen Ergebniswert bzw. ein Datum zurück. Dies kann beim Chooser *PhotoChooserTask* beispielsweise das ausgewählte Foto sein. Folgende Dienste/Aufgaben sind der Kategorie Chooser zugehörig:

- CameraCaptureTask
- EmailAddressChooserTask
- PhotoChooserTask
- PhoneNumberChooserTask
- SaveEmailAddressTask
- SavePhoneNumberTask

Der Rückgabewert eines Choosers wird in einem *TaskCompleted-Event-Handler* verarbeitet. Der Aufruf des PhotoChooserTasks und die Zuordnung eines Event-Handlers sind im Folgenden kurz skizziert:

```
choosePhoto = new Microsoft.Phone.Tasks.PhotoChooserTask();
choosePhoto.Show();  // Aufruf des Dienstprogramms
```

```
choosePhoto.Completed = new EventHandler<PhotoResult>(myHandler);
void myHandler (object sender, PhotoResult e) {
    e.ChosenPhoto;    // Zugriff auf Auswahl
    …
}
```

Es ist zu beachten, dass die aufrufende Anwendung geschlossen bzw. in den Dormant-Zustand überführt wird und somit auch in den Tombstone-Zustand überführt werden kann. Wichtige Zustands-Informationen sollten hier gegebenenfalls gesichert werden.

3.3.3.3. Multitasking

In puncto (Nicht-)Realisierung des Multitaskings ist das Windows Phone Betriebssystem ebenfalls auf einer Stufe mit dem iOS Betriebssystem zu sehen. Wie iOS bis zur Version 4.0, sieht die aktuelle Windows Phone 7.0 Version kein Multitasking für Drittanbieter-Anwendungen vor. Immerhin werden Anwendungen, welche in den Hintergrund treten, nicht sofort aus dem Hauptspeicher entfernt, so dass sie bei Rückkehr des Anwenders nicht neugestartet werden müssen und ihren letzten Zustand konservieren können.[1]

Mit dem kommenden Update auf die Version 7.1, Codename *Mango*, führt Microsoft, ähnlich wie Apple mit der Version 4.0 ihres iOS-Systems, einige Funktionalitäten ein, welche ein Quasi-Multitasking ermöglichen. Dazu sollen unter anderem die Möglichkeit zum Abspielen von Audio-Dateien im Hintergrund, das Ausführen von sogenannten Scheduled Tasks, Hintergrund-Datentransfers und das Anzeigen eigener Notifications gehören.[2]

3.3.4.   Entwicklungsumgebung und -Werkzeuge

Microsoft bietet im Rahmen seines *Windows Phone Developer Tools (WPDT)* Paket zwei verschiedene Entwicklungs-Tool-Sets an, welche die Programmierung einer Windows Phone Applikation, unter zwei verschiedenen Gesichtspunkten, weitestgehend unabhängig voneinander ermöglichen: *XNA Game Studio*, für die Entwicklung von Spielen, basierend auf dem XNA-Framework, und die *Silverlight Tools for Visual Studio*, für die Entwicklung aller anderen App-Typen, basierend auf dem Silverlight Framework.

---

[1] Siehe Kapitel 3.3.3.2
[2] Angaben ohne Gewähr, siehe Beta-Notes: o.V.: Windows Phone Developer, What's New in the Windows Phone SDK, 2011

Die Windows Phone Developer Tools lassen sich als kostenloses Gesamtpaket und ohne vorhergehende Registrierung von der Microsoft Windows Phone Developer Seite beziehen. Im Paket sind neben den oben genannten Tools und dem SDK, unter anderem noch ein Windows Phone Emulator sowie Visual Studio 2010 in der Express-Version und Microsoft Expression Blend enthalten.

Visual Studio 2010 Express for Windows Phone ist die primäre Entwicklungsumgebung für Windows Phone Projekte und entspricht einer abgespeckten, für die Entwicklung von Windows Phone Anwendungen optimierten, Version von Visual Studio. Primäre Entwicklungssprache ist C#. Daneben kann auch Visual Basic eingesetzt werden. Von der Handhabung und dem Funktionsumfang her ist Visual Studio mit dem gleichermaßen leistungsfähigen Eclipse vergleichbar, stellt jedoch einen wesentlich besseren und leichter zu bedienenden, grafischen Oberflächen-Editor zur Verfügung.

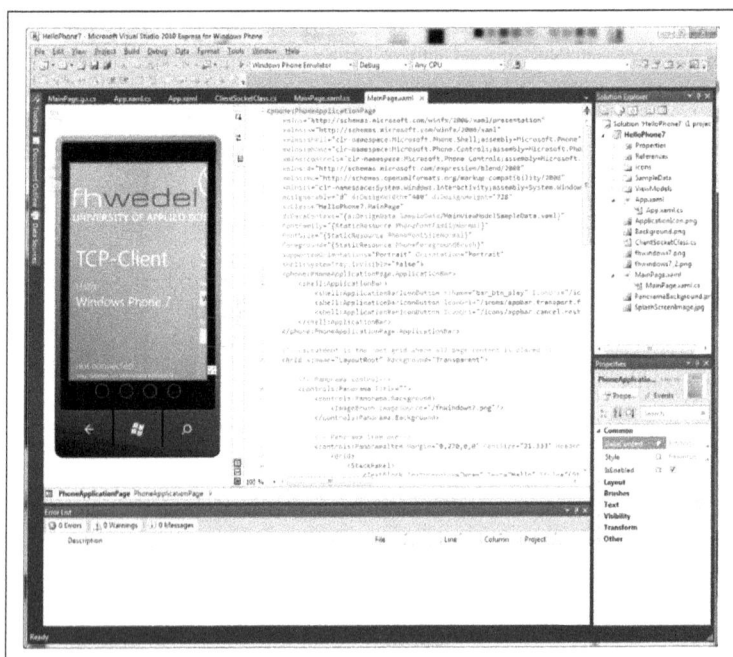

Abb. 41: Visual Studio 2010 Express for Windows Phone; eigene Darstellung

Des Weiteren im Windows Phone Developer Tools Paket enthalten sind die folgenden

Programme:

- *Developer Phone Registration Tool*: Nach der Anmeldung mittels Windows Live-ID ermöglicht es dieses Tool, ein angeschlossenes Windows Smartphone für das Debuggen und Ausführen von Nicht-Marketplace-Software, freizuschalten.
- *Application Deployment Tool*: Ermöglicht die Übertragung und Installation von XAP-Installationsdateien auf das, vorher mittels Developer Phone Registration Tool freigeschaltete, Windows Smartphone.

Um diese beiden Tools nutzen zu können, muss eine Verbindung zwischen dem physischen Gerät und dem PC hergestellt werden. Für diesen Vorgang sowie für weitere Synchronisations-Aufgaben, wird normalerweise die *Zune* Software benötigt, welche sozusagen Microsofts Gegenstück zu Apples iTunes darstellt. Diese ist ebenfalls kostenlos auf den entsprechenden Download-Seiten zu erhalten.

Als Alternative zu Zune wurde mit dem ersten kleinen Update für Windows Phone, das *Windows Phone Connect Tool* ausgeliefert, welches ebenfalls eine geregelte Verbindung zum physischen Gerät herstellen kann.

3.3.4.1. Werkzeuge für das GUI-Design

Obwohl bereits ein relativ leistungsfähiger Oberflächen-Editor in Visual Studio integriert ist, liefert Microsoft mit Expression Blend ein dediziertes Oberflächen-Designer-Werkzeug, welches dem, bereits als sehr gut zu bewertenden Interface Builder von Apple nochmal einen Schritt voraus ist.

Die Motivation hinter Expression Blend liegt in der angestrebten, vollständigen Trennung von Design und Code, was wiederum die voneinander nahezu unabhängige Arbeit von Designer und Programmierer ermöglichen soll. Werkzeuge wie Apples Interface Builder sind dazu nur in begrenztem Maße befähigt, da es dem Designer hier nicht möglich ist, ohne den Einsatz von Code, beispielsweise komplexe Animationen, den Wechsel zwischen verschiedenen Screens mittels Benutzer-Interaktionen oder Zustandsänderungen auf Grund von eintretenden Events zu realisieren.

An dieser Stelle setzt Expression Blend an. Neben den umfangreichen Funktionen zur Gestaltung der Oberfläche, die in ähnlicher Form bereits aus dem Interface Builder bekannt sind, stellt Expression Blend noch einige weitere Funktionalitäten zur Verfügung, welche die Entwicklung einer rudimentären Anwendung ermöglichen, ohne dabei auf die Visual Studio Entwicklungsumgebung oder genauer gesagt, auf den Einsatz von Programmcode zurückgreifen zu müssen:

- Zustände/States: Modellierung verschiedener visueller Zustände eines oder mehrerer GUI-Elemente.
- Verhalten/Behaviors: Ermöglicht beispielsweise den Wechsel von einem Zustand zu einem anderen, auf Grundlage eines definierten Events.
- Storyboard: Definition eines Animationsverlaufs für GUI-Elemente anhand einer Zeitlinie.
- Datenbindung und Beispieldaten: Herstellung von Verbindungen zwischen Daten und GUI-Elementen. Hier lassen sich auch automatisch Beispiel-Datensätze erzeugen.

Die Konzepte der *Zustände* und *Verhalten* sind eng miteinander verflochten und lassen sich über die Reiter *Assets* und *States*, oben links in der Programmoberfläche von Expression Blend, in das Projekt einbinden.

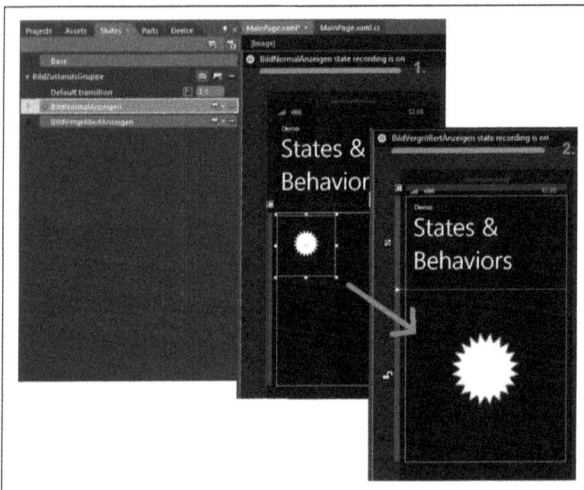

Abb. 42: Aufnahme von Zuständen in Expression Blend; eigene Darstellung

Die verschiedenen, beispielhaften Zustände eines Bild-Elements könnten etwa sein: *Bild in*

Normalgröße anzeigen und *Bild vergrößert anzeigen*. Diese beiden Zustände werden einer Zustandsgruppe zugeordnet. Danach wird für beide Zustände jeweils eine *Aufnahme* des gewünschten visuellen Erscheinungsbildes erstellt und abgespeichert (siehe Abb.42).

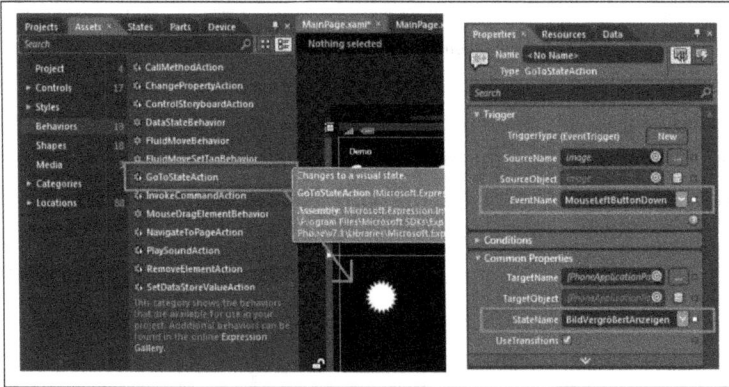

Abb. 43: Hinzufügen von Verhalten in Expression Blend; eigene Darstellung

Um den Zustandswechsel zu realisieren wird anschließend das Verhalten *GoToStateAction* aus dem Reiter Assets auf das Bild-Element gezogen. In den Properties kann abschließend eingestellt werden, welches Event das Verhalten auslöst und zu welchem Zustand gewechselt werden soll. In Abb.43 ist es das Mausklick- bzw. Touch-Event und der Zustand *„Bild vergrößert anzeigen"*.

Wie in Abbildung 43 zu sehen ist, stehen viele weitere Verhalten zur Verfügung, welche den Einsatz von eigenem Code an dieser Stelle quasi überflüssig machen. So kann beispielsweise mit dem Verhalten *NavigateToPageAction* die komplette Navigation einer Anwendung in Expression Blend abgebildet werden. Verhalten sind technisch gesehen, vollständig gekapselte, wiederverwendbare Code-Schnipsel, die sich ohne Portierungs-Probleme auf verschiedenste Ziel-Objekte anwenden lassen.

Während Animationen in Android hauptsächlich in XML und in iOS hauptsächlich in Objective-C beschrieben werden müssen, bietet Expression Blend für Windows Phone Applikationen, über die Anlage von sogenannten *Storyboards* einen wesentlich bequemeren Weg. Storyboards beschreiben die Bewegung und Transformation von GUI-Elementen innerhalb eines definierten Zeitraumes. Ähnlich wie bei den Zuständen werden die Änderungen in einem Aufnahmemodus festgehalten und abschließend gespeichert. Das

Starten der Animation erfolgt dann über das Verhalten *ControlStoryboardAction*.

Ein wichtiges Konzept der Windows Phone Entwicklung ist das Konzept der Datenbindung. Dieses wird näher in Kapitel 3.3.6.1 beleuchtet, da es nicht ausschließlich die Entwicklung unter Expression Blend betrifft. An dieser Stelle genügt es zu wissen, dass Datenbindungen eine Abhängigkeit zwischen einem GUI-Element und einem Datenmodell oder einem weiteren GUI-Element realisieren. In der Demo-Anwendung wird beispielsweise eine Verbindung zwischen dem Texteingabe-Element für den Benutzernamen und dem Begrüßungs-Textlabel auf der Startseite implementiert. Letzteres aktualisiert sich automatisch in Abhängigkeit vom Inhalt des Texteingabe-Elements.

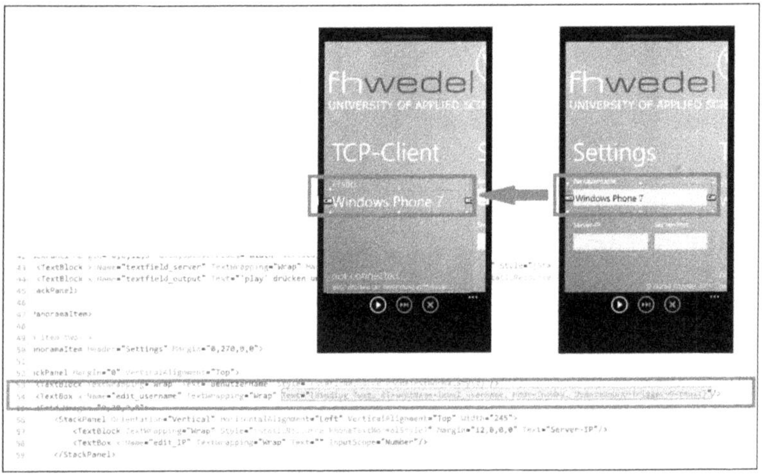

Abb. 44: Daten-/Element-Bindung in Expression Blend; eigene Darstellung

Eine weitere Funktion in diesem Zusammenhang bietet Expression Blend mit der automatischen Generierung und Bereitstellung von Beispiel-Daten, egal welcher Art, an. Dank der Einbindung von Beispiel-Daten erhält der Designer einen Anhaltspunkt dafür, wie im Echtbetrieb die konkreten Anwendungs-Daten dargestellt werden könnten.

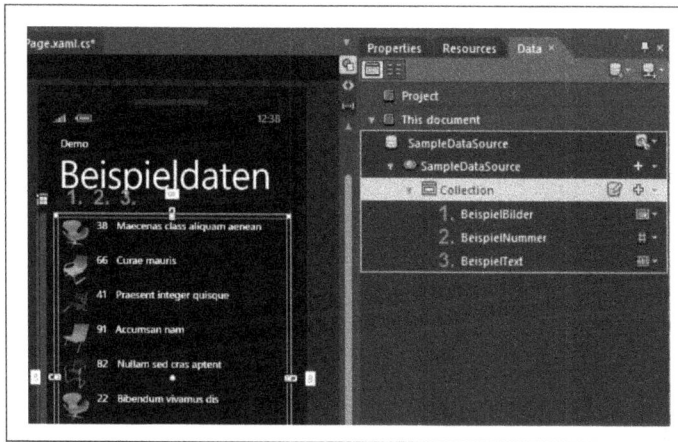

Abb. 45: Beispieldaten in Expression Blend; eigene Darstellung

Die Beschreibungssprache der Windows Phone Oberflächen ist die *Extensible Application Markup Language*, kurz *XAML*. Der XAML-Code eines Anwendungs-Screens, in Windows Phone Terminologie auch Page genannt, lässt sich in Expression Blend bei Bedarf anzeigen und bearbeiten. Des Weiteren lässt sich hier auch die sogenannte *Code-Behind*-Datei **.xaml.cs* der Page bearbeiten, welche die unmittelbare Programmlogik für die zugehörigen GUI-Elemente in der Sprache C# enthält. Bei einer vollständigen Trennung von Programmlogik und Oberfläche ist die Code-Behind-Datei im Idealfall leer. Dieses Ziel verfolgt unter anderem die Entwicklung nach dem *Model-View-ViewModel*-Entwurfsmuster, kurz *MVVM*, welches in Kapitel 3.3.6.2 behandelt wird.

3.3.4.2. Debugger und Emulator

Wie Google, setzt auch Microsoft auf einen vollwertigen Emulator, der die Windows Phone Laufzeitumgebung so realitätsnah wie möglich nachbilden soll. Anders als beim Emulator von Android, sind die Konfigurationsmöglichkeiten hier allerdings stark eingeschränkt, was zunächst mit den strikten Hardware-Vorgaben für die Hersteller von Windows Smartphones im Einklang steht. So lassen sich im Windows Phone Emulator lediglich zwischen verschiedenen Zoom-Einstellungen und den Hochkant- bzw. Horizontal-Anzeige Modi hin und her wechseln. Des Weiteren lässt sich im Emulator standardgemäß nur auf den Internet Explorer und die System-Settings zugreifen.

Im Gegenzug werden mit dem Emulator zwei integrierte, äußerst ansprechende Tools für die Simulation von Beschleunigungs-Sensor- und GPS-Modul-Daten mitgeliefert. Für die Simulation ersteren Datentyps wird ein 3D-Modell eines Windows Phones per Maus bewegt, gekippt oder rotiert. Für letzteren Datentyp steht eine integrierte Bing-Map zur Verfügung, in welcher die gewünschte, zu simulierende Position per Mausklick ausgewählt werden kann. Eine Simulation von eingehenden Anrufen oder SMS ist bislang aber noch nicht möglich.

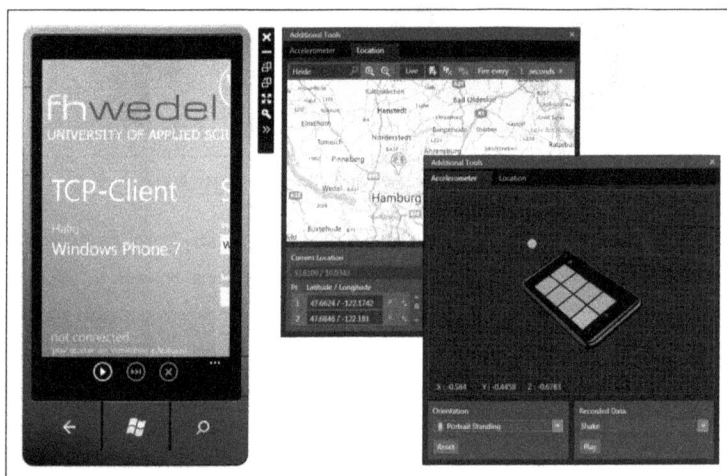

Abb. 46: Windows Phone Emulator und Tools; eigene Darstellung

Der Debugger von Visual Studio liefert denselben Funktionsumfang, wie auch die Debugger von Eclipse und Xcode. Eine Logging-Ausgabe lässt sich mittels des Befehls `Debug.WriteLine()` erreichen. Weitere Tools, beispielsweise für Analyse-Zwecke zur Laufzeit, wie sie etwa Android mit *TraceView* oder iOS mit *Instruments* liefern, sind im Windows Phone 7 SDK nicht enthalten.

Um das Debuggen auf einem physischen Gerät zu ermöglichen, muss es zunächst mit dem *Developer Phone Registration Tool* freigeschaltet werden[1]. Dieses Tool ermöglicht es, auch Nicht-Marketplace-Software auf dem spezifizierten Smartphone auszuführen. Damit der Entwickler Geräte über das Registration Tool freischalten kann, muss er allerdings als

---

[1] Siehe Abschnitt über weitere Tools in Kapitel 3.3.3.1

Entwickler bei Microsoft registriert sein. Dazu benötigt er mindestens eine *Windows Live-ID* und einen Entwickler-Account in Microsofts *App Hub*, welcher allerdings mit 99 USD zu Buche schlägt.

Eine Verbindung zum angeschlossenem Windows Phone erfolgt über die Zune Software oder alternativ über das *Windows Phone Connection Tool*.

3.3.5. Aufbau eines Windows Phone Projekts

Bei der Neuanlage eines Windows Phone Projekts in Visual Studio, bietet der Assistent unter anderem die folgenden Silverlight Applikations-Templates zur Auswahl an:

- *Windows Phone Application:* Der Standard-Projekttyp, der bereits eine Page mit Titel- und Content-Bereich beinhaltet.
- *Windows Phone Databound Application:* Es wird eine Page mit einer Listen-Ansicht sowie eine Page für die Detail-Ansicht von Listenelementen vorkonfiguriert. Beide Pages werden aus einem Beispieldaten-Container gespeist.
- *Windows Phone Panorama Application:* View-Container werden horizontal aneinander gereiht. Durch Wisch-Gesten kann der Anwender von Container zu Container navigieren. Die Beispiel-Anwendung basiert auf diesem Applikations-Template und beinhaltet eine Main-View-Container und einen View-Container für Einstellungen.
- *Windows Phone Pivot Application:* Es werden zwei View-Container mit Listen-Ansichten vorkonfiguriert. Der Sinn dieses Applikations-Templates ist es, eine Haupt-Listen-Ansicht und eine gefilterte Listen-Ansicht zu ermöglichen.

Darüber hinaus stehen über den Assistenten auch einige Projektvorlagen, basierend auf dem XNA-Framework, bereit. Auch die Wahl der Entwicklungssprache, Visual Basic oder C#, lässt sich im Assistent treffen.

Wird die Standard-Projektvorlage für ein C#-basiertes Silverlight-Programm gewählt, so legt Visual Studio die folgende Minimal-Struktur an:

Datei / Verzeichnis	Beschreibung
/Properties/ **AppManifest.xml** **AssemblyInfo.cs** **WMAppManifest.xml**	*AppManifest.xml* beinhaltet hauptsächlich Angaben über die verwendeten Bibliotheken der Anwendung, während die Datei *AssemblyInfo.cs* die typischen Meta-Daten wie Versions-Nr., App-Name etc. bereitstellt. Die Datei *WMAppManifest.xml* stellt weitere, detaillierte Information, insbesondere in Bezug auf die verwendeten System-Funktionalitäten, zur Verfügung. Wie sich nicht nur an der Namensgebung der Dateien erahnen lässt, entsprechen diese drei Property-Dateien nahezu Eins-zu-Eins dem Konzept des Android Manifests.
/References/	In diesem Ordner werden alle Silverlight-Bibliotheken aufgeführt, die in dieser Anwendung verwendet werden.
/Bin/Debug/ **/Bin/Release/**	In diesen Ordnern befinden sich die kompilierten Anwendungs-Dateien und alle weiteren Ressourcen, die für eine Auslieferung auf dem Debugger, einem physischen Gerät oder dem Marketplace gebraucht werden. Unter anderem sind hier die Dateien *<appname>.dll*, welche die eigentlich Anwendung enthält, sowie *<appname>.xap*, die das Auslieferungspaket bzw. die Installations-Datei darstellt, enthalten. Diese Ordner sind erst dann sichtbar, wenn im *Solution Explorer* die Option *Alle Dateien anzeigen* ausgewählt wurde.
/obj/Debug/ **/obj/Release**	In diesen Ordner sind alle Ressourcen hinterlegt, die für den Kompilierungs-Vorgang der Anwendung benötigt werden. Diese Ordner sind erst dann sichtbar, wenn im *Solution Explorer* die Option *Alle Dateien anzeigen* ausgewählt wurde.
App.xaml **App.xaml.cs**	App.xaml liefert sozusagen die Header-Informationen zur Applikation, während die sogenannte Code-Behind-Datei App.xaml.cs den konkreten Programmcode in C# enthält. Hier werden unter anderem die Anwendung initialisiert und alle Lebenszyklus-Methoden der App implementiert.
MainPage.xaml **MainPage.xaml.cs**	MainPage.xaml ist die Oberflächen-Beschreibung des Haupt-Screens/-Page der Anwendung. In der Code-Behind-Datei MainPage.xaml.cs werden Methoden implementiert, welche unmittelbar mit der Page-GUI in Verbindung stehen.
*.png ***.jpg**	Es werden einige Standard-Grafiken für die Darstellung des Programm-Icons, eines Live-Tiles und des Lade-Screens bereitgestellt.

Tab. 8: Windows Phone Projekt Struktur; eigene Darstellung

3.3.6. Basiskonzepte der Windows Phone Entwicklung

3.3.6.1. Datenbindung

Ein wichtiges und von der Konkurrenz abhebendes Konzept der Windows Phone Programmierung, ist das Konzept der Datenbindung. Wie in Kapitel 3.3.4.1 bereits kurz gezeigt, bietet die Datenbindung einen bequemen Automatismus an, um Elemente der Benutzeroberfläche in eine Abhängigkeit von Datenmodellen oder anderen Elementen der Benutzeroberfläche zu zwingen. Diese Abhängigkeit kann sowohl uni- als auch bidirektional implementiert werden.

3.3.6.1.1. Datenbindung zwischen GUI-Elementen

In der Beispiel-Anwendung wird eine Datenbindung zwischen den GUI-Elementen für die Eingabe eines Benutzernamens sowie für die Ausgabe des Namens im Begrüßungstext implementiert (siehe Abb.44). Die Implementierung kann mittels der Werkzeuge in Expression Blend oder durch manuelle Änderung des XAML-Codes der betreffenden Page erfolgen.

In der Demo-App wurde dem *Text*-Attribut des *label_username*-Elements, welches in der *MainPage.xaml*-Datei definiert ist, folgender Code zugewiesen:

```
<TextBlock x:Name="label_username"
    Text="{Binding Text, ElementName=edit_username,
        Mode=OneWay, UpdateSourceTrigger=Default}"/>
```

Das Schlüsselwort *Binding* leitet die Datenbindung ein, welche als Parameter die Quelle der Daten, hier also das Attribut *Text* des GUI-Elements mit der Bezeichnung *edit_username*, die Verbindungsart, hier *OneWay*, sowie den Update-Modus, hier *Default*, standardgemäß also bei jedem Verlassen des Eingabefeldes, übergeben bekommt.

3.3.6.1.2. Datenbindung zwischen GUI-Element und Datenmodell

Eine Datenbindung zwischen einem GUI-Element und einem Datenmodell wird in der Beispiel-Anwendung anhand der Eingabefelder für die TCP-Server-IP und den Server-Port demonstriert. Zu diesem Zweck wurde ein Datenmodell in Gestalt einer Klasse *MyServerAddress* implementiert, welche die beiden Attribute *Ip* und *Port* beinhaltet. Eine

Instanz dieser Klasse wird der Applikation als lokale Ressource zur Verfügung gestellt. Dies geschieht im Ressourcen-Teil der Datei *App.xaml*:

```
<Application.Resources>
    <local:MyServerAddress
        x:Key="MyServerAddressDataSource" d:IsDataSource="True"/>
</Application.Resources>
```

Über das *key*-Attribut ist diese Ressource zur Laufzeit applikationsweit zugreifbar. Dadurch lässt sich auch die Datenbindung zu den Eingabefeldern in der Programmoberfläche realisieren. Zu diesem Zweck wird in dem übergeordneten Container-Element der Eingabefelder ein Daten-Kontext mit Bezug auf die lokale Ressource erstellt:

```
<controls:PanoramaItem DataContext="{Binding
    Source={StaticResource MyServerAddressDataSource}}">
```

Alle Kind-Elemente und somit auch die Eingabefelder *edit_IP* und *edit_Port*, haben fortan Zugriff auf diesen Daten-Kontext. Die konkrete Bindung der Eingabefelder an die Attribute Ip und Port des Daten-Kontextes, sieht folgendermaßen aus:

```
<TextBox x:Name="edit_IP" Text="{Binding Ip, Mode=TwoWay}"/>
<TextBox x:Name="edit_Port" Text="{Binding Port, Mode=TwoWay}"/>
```

Der Modus *TwoWay* erlaubt es dem Eingabefeld, Änderungen direkt in den Daten-Kontext zurückzuschreiben. Damit diese Änderungen persistent und beispielsweise nach einem Programm-Neustart erhalten bleiben können, kommt die Klasse *IsolatedStorageSettings* zum Einsatz, welche eine Schlüssel-Wert-Paar-Datei im geschützten Speicherbereich der Applikation verwaltet. Ihre Funktionsweise ähnelt somit der *NSUserDefaults*-Klasse in iOS und den *SharedPreferences* in Android.

3.3.6.2. Model-View-ViewModel-Entwurfsmuster

Das Model-View-ViewModel-Entwurfsmuster, oder kurz MVVM, ist Microsofts Variante des bekannteren Model-View-Controller-Entwurfsmusters. Beiden Entwicklungsstrategien ist der vordergründige Gedanke gemein, Benutzer-Oberfläche und Datenschicht samt Programmlogik strikt voneinander zu trennen.

Die ViewModel-Komponente stellt dabei die zu präsentierenden Daten und die zugehörigen

Verarbeitungsroutinen für eine Oberfläche zu Verfügung, die noch unbestimmt ist. Diese Unbestimmtheit der Darstellung ermöglicht die lose Kopplung von Daten und Oberfläche, da zum einen aus Sicht der View-Komponente bzw. des Designers das Daten-Modell und zum anderen aus Sicht der ViewModel-Komponente bzw. des Programmierers, die Darstellungs-Elemente leicht austauschbar sind. Geeignete Lösungsansätze für die perfekte Entkoppelung nach dem MVVM-Muster bieten beispielsweise die bereits kennengelernten Konzepte der Verhalten und Zustände sowie das Konzept der Datenbindung.

Hinter den Verhalten/Behaviors steckt gekapselte Programmlogik, die für den Einsatz auf Oberflächen-Elementen konzipiert wurde. Dabei wurde die Programmlogik dahingehend implementiert, dass sie, unabhängig von der konkreten Ausprägung des assoziierten Oberflächen-Elements, immer funktioniert. Sie kann also lose an beliebige GUI-Elemente gekoppelt und jederzeit ausgetauscht werden.

Ähnlich verhält es sich bei den Datenbindungen. Ein konkretes Datenmodell lässt sich, wie gesehen, lose über die Definition eines Daten-Kontextes an die Benutzeroberfläche koppeln. Die gekapselte Programmlogik realisiert, unabhängig von der konkreten Ausprägung der Eingabe-/Ausgabe-Elemente und des Datenmodells, die Verbindung zwischen View und Model. Das im Datenkontext enthaltene Datenmodell kann jederzeit durch ein anderes Datenmodell ausgetauscht werden. Ebenso können jederzeit die Oberflächen-Elemente für die Darstellung und Eingabe der Daten ausgetauscht werden.

Konzepte wie diese ermöglichen es dem Programmierer, Daten und Logik zu implementieren, ohne sich um dessen Darstellungsform an der Benutzeroberfläche kümmern zu müssen. Auf der anderen Seite gilt dies auch für den Designer, der Oberflächen, unabhängig von der Realisierung der darzustellenden Datenstrukturen und der Verarbeitungs-Logik, erstellen kann. Wird das MVVM-Muster nicht hundertprozentig eingehalten, so werden unter anderem, programmatische Zugriffe auf konkrete Elemente der Oberfläche notwendig. Dies ist beispielsweise bei einer Implementierung nach dem MVC-Muster häufig der Fall.[1]

Dass Microsoft selbst, das MVVM-Paradigma nicht hundertprozentig befolgt, lässt sich an

---

[1] In iOS wird über die IBOutlets, in Android mittels der findViewById()-Methode, programmatisch auf konkrete Oberflächen-Elemente zugegriffen, wodurch die lose Kopplung nicht mehr gegeben ist.

einem bestimmten, allgegenwärtigen Konzept direkt erkennen: die bereits kennengelernten Code-Behind-Dateien. Diese trennen zwar zunächst die Programmlogik von der zugehörigen Oberfläche, beinhalten aber in der Regel Zugriffe auf konkrete GUI-Elemente. Darüber hinaus sind sie, auf Grund ihrer Implementierung als partielle Klasse, auch technisch gesehen ein fester Bestandteil ihres zugehörigen Views. Im Falle einer musterhaften Implementierung des MVVM-Paradigmas, bleibt die Code-Behind-Datei leer. Dies ist aber in der Praxis nur schwer umzusetzen und teilweise auch gar nicht erwünscht, weshalb Microsoft dieses Muster eher als Richtlinie, denn als verbindliche Vorgabe an den Entwickler von Dritt-Anwendungen ausgibt.[1]

3.3.7. Socket-Programmierung in Windows Phone

Auch die Kernfunktionalität der Windows Phone Demo-App liegt in dem Aufbau einer TCP/IP-basierten Verbindung zur Android Demo-App, welche die Server-Funktionalitäten implementiert, die es Clients ermöglicht, den Musik-Service der App zu nutzen.

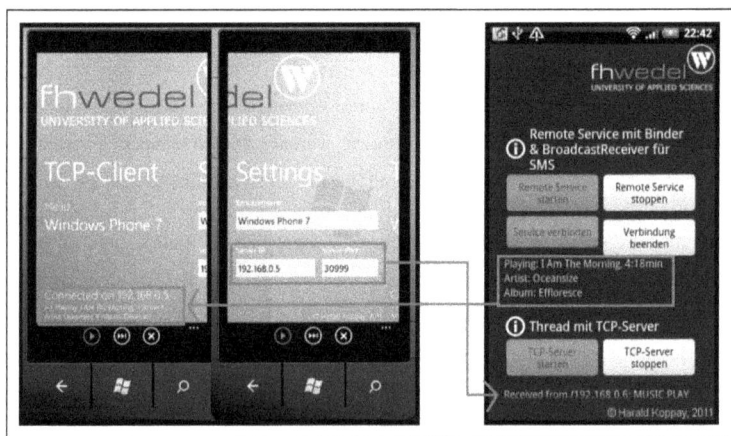

Abb. 47: Interaktion von Windows Phone und Android App; eigene Darstellung

Die APIs für die Socket-Programmierung wird Microsoft allerdings erst mit dem 7.1 Update[2] des Betriebssystems offiziell freigeben. Bis dahin können registrierte Entwickler jedoch bereits erste Blicke auf die Beta-Version von Windows Phone 7.1 und somit auch auf die

---

[1] Vgl. Nowak, Peter, u.a.: Entwickeln für Windows Phone 7, 2011, S.238
[2] Herbst 2011

vorläufigen Socket-Funktionalitäten erhaschen. Die Demo-Anwendungen wurde zum Zwecke der Socket-Programmierung, mit dem vorläufigen SDK der Windows Phone 7.1beta2 Version erstellt. Einige der hier folgenden Angaben zu den Programmier-Schnittstellen sind also ohne Gewähr und richten sich nach der vorläufigen Dokumentation der Socket-Schnittstellen.[1]

Die Programmierung des TCP-Clients in Windows Phone erfolgt analog zur Programmierung der Client-Funktionalitäten in iOS. Der erste Schritt besteht auch hier in dem Aufbau einer Socket-Verbindung zum Host, sobald der Benutzer den *Play*-Button in der Application-Bar am unteren Bildschirmrand betätigt.

In Windows Phone werden asynchrone Socket-Operationen verwendet. Diese Operationen signalisieren wenn sie abgearbeitet worden sind, weshalb sie jeweils einen *Completion-Event*-Handler implementieren. Des Weiteren werden alle benötigten Parameter für eine Verbindung, also Socket-Adresse des Servers und der Completion-Event-Handler, in einem separaten Objekt vom Typ *SocketAsyncEventArgs* gespeichert und als Paket übergeben. Alle Socket-Operationen werden in der Klasse *ClientSocketClass.cs* der Demo-Anwendung definiert:

```
_socket = new Socket(AddressFamily.InterNetwork,
    SocketType.Stream, ProtocolType.Tcp);

socketEventArg = new SocketAsyncEventArgs();
socketEventArg.RemoteEndPoint = hostEntry; //Adresse des Servers
socketEventArg.Completed += new
    EventHandler<SocketAsyncEventArgs>(…); //Event-Handler

_socket.ConnectAsync(socketEventArg);
```

Ist die Verbindung erfolgt, können Daten als Byte-Array encodiert und der Methode SendAsync() zum Senden an den Server übergeben werden. Die Parameter für diese Methode werden, analog zum Verbindungsvorgang, in einem separaten *SocketAsyncEventArgs*-Objekt angelegt:

---

[1] Vgl. o.V.: Windows Phone Developer, How to: Create and Use a TCP Socket Client Application for Windows Phone, 2011

```
byte[] payload = Encoding.UTF8.GetBytes("MUSIC PLAY\n");

socketEventArg.SetBuffer(payload, 0, payload.Length);
socketEventArg.RemoteEndPoint = hostEntry;
socketEventArg.Completed += new
    EventHandler<SocketAsyncEventArgs>(…);

_socket.SendAsync(socketEventArg);
```

Direkt im Anschluss an den Sendevorgang, wird die Antwort des Servers mittels der Methode `ReceiveAsync()` entgegengenommen und in einen String encodiert. Dies erfolgt analog zu den bereits gesehenen Methoden. Um die Socket-Verbindung zu schließen, wird die Methode `close()` aufgerufen.

3.3.8. Programmstruktur der Windows Phone Beispiel-Anwendung

Auch für die Windows Phone Demo-App soll die Programmstruktur grafisch veranschaulicht werden.

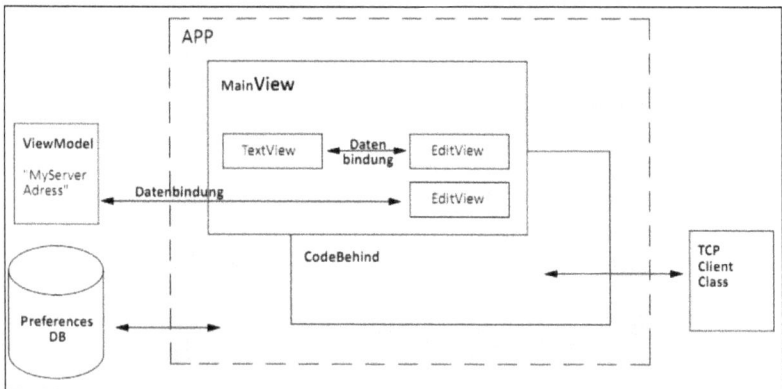

Abb. 48: Programmstruktur der Windows Phone Demo-App; eigene Darstellung

4. Vertrieb und Vermarktung

4.1. Der Markt der mobilen Applikationen

Der Markt der mobilen Applikationen existiert bereits seit dem Ende der 90er Jahre des letzten Jahrhunderts[1], erlebt seinen bislang größten Boom aber erst seit Mitte des Jahres 2008, ausgelöst durch das Erscheinen des ersten iPhones und der einhergehenden Öffnung von Apples App Store sowie der folgenden Markteintritte von konkurrenzfähigen Wettbewerbern wie Google. Seitdem wachsen die Märkte für mobile Applikationen und für mobile Endgeräte im dreistelligen Prozent-Bereich und das in unübersehbarer Abhängigkeit voneinander. Das deutsche Marktforschungsinstitut *research2guidance*, welches sich auf die Analyse mobiler Märkte spezialisiert hat, veranschaulicht das Wachstum der Märkte seit 2008 anhand einiger, aus Entwicklersicht sehr interessanten Aspekte, wie dem Wachstum der App-Download-Zahlen, dem Wachstum der potentiellen App-Benutzer-Zahlen und der steigenden Anzahl unterschiedlicher *Smart Devices* (siehe Abb.49).[2]

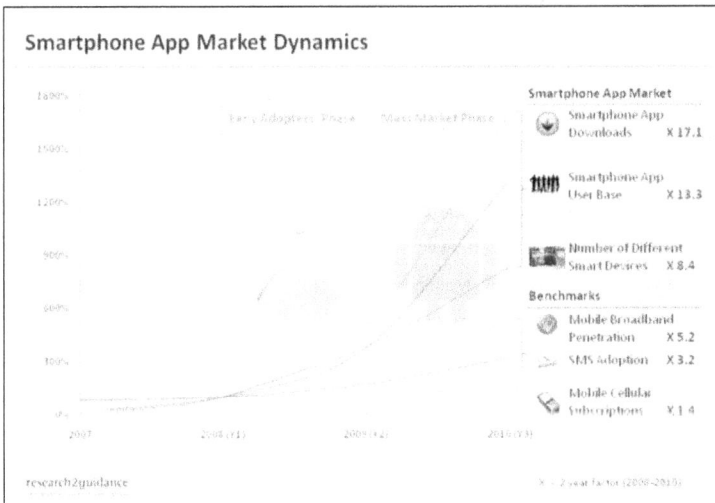

Abb. 49: Wachstum des App-Marktes; o.V.: research2guidance, 2011

Ausgedrückt in absoluten Zahlen, können die App-Shop-Marktführer Google und Apple eine

---

[1] Siehe Kapitel 2.4.1
[2] Vgl. Mikalajunaite, Egle: The first 3 years benchmark: The smartphone app market outperforms other booming markets, 2011

Bilanz von insgesamt über 20 Milliarden kumulierten Downloads, davon alleine 15 Milliarden in Apples App Store, seit den Markteintritten in 2008 vorweisen.[1] Traditionelle App-Plattformen, wie beispielsweise GetJar mit 600 Millionen Downloads seit 2004, schneiden dagegen vergleichsweise schlecht ab. Führende Marktforschungsinstitute, wie etwa IDC, prognostizieren dem App-Shop-Gesamtmarkt Downloadzahlen von über 182,7 Milliarden bis zum Jahre 2015.[2]

Die geldwerten Umsatzvolumina der App-Shop-Anbieter zeugen ebenfalls von einem rasanten und beständigen Wachstum. Das Marktforschungsinstitut Canalys erwartet für dieses Jahr einen, durch App-Shop-Downloads, In-App-Verkäufen und Abonnementsgebühren erzielten Gesamtumsatz von über 7,3 Milliarden US-Dollar. Für das Jahr 2012 wird ein Wachstum von 92 Prozent prognostiziert, was einem Gesamtumsatz in Höhe von 14,1 Milliarden USD entsprechen würde. Eine Hochrechnung für das Jahr 2015 beläuft sich sogar auf eine Umsatz-Prognose von über 37 Milliarden US-Dollar.[3]

Primärer Treiber der steigenden Download- und Umsatz-Zahlen ist die beständig anwachsende Zahl der potentiellen und tatsächlichen App-Benutzer, welche wiederum durch die Verkaufszahlen der Smart Devices, also Smartphones, Tablets und anderen App-fähigen Geräten, wie dem iPod Touch, bestimmt wird. Aktuell beläuft sich die Anzahl der, sich im Umlauf befindlichen, Smart Devices auf Apples Seite auf etwa 240 Millionen und auf Googles Seite auf etwa 170 Millionen Geräte.[4] Während die ersten Jahre noch ganz im Zeichen der Apple Geräte standen, dominieren aktuell die Android-basierten Geräte die Verkaufs-Charts. So wurden im zweiten Quartal 2011, laut Gartner, über 46 Millionen Android-Geräte und knapp 20 Millionen iOS-Geräten verkauft, was einer Steigerung im Vergleich zum Vor-Quartal von rund 28 Prozent bei Google und etwa 17 Prozent bei Apple entspricht.[5] Im Vergleich zu diesen Angaben fallen die Verkaufszahlen von Windows Phone Geräten kaum ins Gewicht. Letzte offizielle Bekanntmachungen datieren vom Anfang dieses Jahres und beliefen sich auf kumulierte zwei Millionen verkaufte Geräte.[6] Unter

---

[1] Vgl. o.V.: Website des Apple App Store, 2011 sowie für Android o.V.: AndroLib Statistik, 2011
[2] Vgl. Ellison, Scott / Shirer, Michael: IDC Forecasts Nearly 183 Billion Annual Mobile App Downloads by 2015: Monetization Challenges Driving Business Model Evolution, 2011
[3] o.V.: App stores' direct revenue to exceed $14 billion next year and reach close to $37 billion by 2015, 2011
[4] Vgl. o.V.: Android Market Insights, 2011, S.3
[5] Siehe auch Kapitel 2.3
[6] Vgl. Lowensohn, Josh: Windows Phone 7 sales top 2 million, 2011

Zuhilfenahme der Gartner-Studien, kann von schätzungsweise rund fünf Millionen verkauften Geräten zum Ende des zweiten Quartals 2011 ausgegangen werden.[1] Dass es seit Januar 2011 keine offiziellen Updates zu Microsofts Verkaufszahlen gibt, dürfte wohl auch mit der insgesamt enttäuschenden Entwicklung der Windows Phone Marktdurchdringung zusammenhängen.[2] Jedoch bleibt abzuwarten, wie sich diese Zahlen entwickeln, sobald die strategische Allianz mit dem Hersteller-Branchen-Primus Nokia ins Rollen kommt.

Insgesamt lässt sich festhalten, dass sich der Markt für mobile Endgeräte seit dem Verkaufsstart des ersten iPhones hervorragend entwickelt hat und stetig weiter wächst. Zum Ende des zweiten Quartals 2011 betrug das weltweite Gesamtwachstum der Geräte-Verkäufe, im Vergleich zum Vorjahr, stolze 73 Prozent.[3] Allein in puncto Android-Geräten wuchs das Verkaufsvolumen um knapp 380 Prozent. Prognosen gehen davon aus, dass im Jahre 2015, mit 982 Millionen abgesetzten Geräten, nochmal doppelt so viele Smart Devices verkauft werden, wie aktuell zum Ende dieses Jahres erwartet wird.[4]

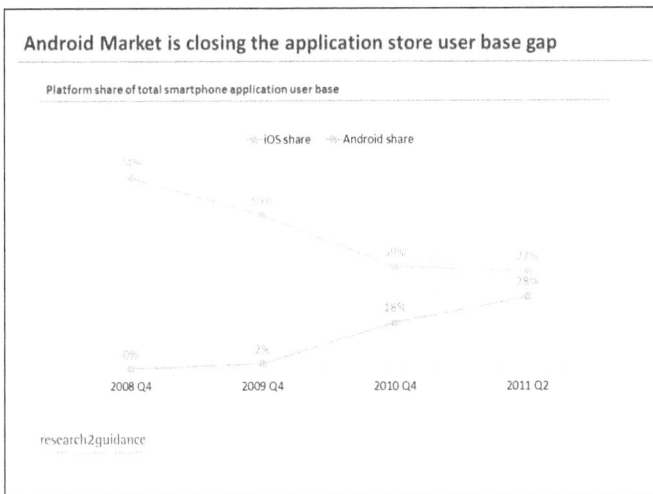

Android Market is closing the application store user base gap

Platform share of total smartphone application user base

Abb. 50: *application user base*; o.V.: research2guidance, 2011

---

[1] Offizielle Verkaufszahlen vom Januar 2011 plus ermittelte Quartalszahlen Q1 und Q2 aus Kapitel 2.3.
[2] Vgl. Ballmer, Steve: Steve Ballmer über Absatzzahlen von Windows Phone 7, 2011
[3] Vgl. o.V.: Android takes almost 50% share of worldwide smart phone market, 2011
[4] Vgl. Restivo, Kevin/ Llamas, Ramon T/ Shirer, Michael: Worldwide Smartphone Market Expected to Grow 55% in 2011 and Approach Shipments of One Billion in 2015, According to IDC, 2011

Unter Berücksichtigung der Geräte-Austausch-Zyklen[1] ermittelt research2guidance eine Kennzahl *application user base*, welche die Anzahl der potentiellen App-Benutzer, auf Grundlage der sich im Umlauf befindenden Smart Devices mit Zugang zum App-Shop der jeweiligen Plattformen, beschreibt. Die gesamte *application user base* wird im zweiten Quartal 2011 demnach hauptsächlich von Apple, mit einem Anteil von 37 Prozent, und von Google, mit einem Anteil von 28 Prozent beherrscht.[2] Die restlichen 35 Prozent teilen sich unter anderem die Nutzer von Nokias Ovi Store, RIMs App World (BlackBerry) und dem Windows Phone Marketplace. Analog zu den Verkaufszahlen der Geräte, ist auch hier eine fallende Tendenz bei Apple, gegenüber einer steigenden Tendenz bei Google zu erkennen (siehe Abb. 50). Die Analysten von research2guidance gehen davon aus, dass Google den Rückstand auf Apples *application user base* bis zum Ende des Jahres 2011 aufgeholt haben wird.[3]

In der folgenden Tabelle sollen die Kennzahlen des mobilen Marktes kompakt zusammengeführt und für die Jahre 2010, 2011 und 2015 einander gegenüber gestellt werden.

	2010	2011	2015
Geräte-Absatz[4]	305 Mio. Stk. +72% zu 2009	472 Mio. Stk. (erwartet) +56% zu 2010	982 Mio. Stk. (erwartet) +130% zu 2011
Geräte im Umlauf und Anteil *application user base*[5]	-	Android: 170 Mio. Stk., Anteil app user base 28% (Q2 2011) Apple: 240 Mio. Stk., 37% (Q2 2011) Windows Phone: vmtl. 5 Mio. Stk., vmtl. 1% (Q2 2011)	-

---

[1] Bsp.: iPhone 3 wird ersetzt durch iPhone 4.
[2] Vgl. o.V.: Android Market Insights, 2011, S.3
[3] Vgl. o.V.: Android Market Insights, 2011, Seite 4
[4] Vgl. Restivo, Kevin/ Llamas, Ramon T./ Shirer, Michael: Worldwide Smartphone Market Expected to Grow 55% in 2011 and Approach Shipments of One Billion in 2015, According to IDC, 2011

[5] Vgl. o.V.: Android Market Insights, 2011, S.3

Kumulierte App-Downloads[1]	10+ Mrd. Downloads (nur App Store und Android Market)	20+ Mrd. Downloads (August 2011, nur App Store und Android Market)	182,7 Mrd. Downloads (insgesamt erwartet)[2]
Jährlicher Umsatz durch App-Downloads[3]	Gartner: 5,2 Mrd. USD (inkl. In-App Werbeeinnahmen)	Canalys: 7,3 Mrd. USD (Downloads, In-App Käufe, Abonnements)	Canalys: 36,7 Mrd USD (Downloads, In-App Käufe, Abonnements)
		Gartner: 15,1 Mrd. USD (inkl. In-App Werbeeinnahmen)	Gartner, 2014: 58 Mrd. USD (inkl. In-App Werbeeinnahmen)

Tab. 9: Kennzahlen des App-Marktes; eigene Darstellung

Abschließend sei angemerkt, dass der Markt der mobilen Applikationen nicht nur durch den, eher Endverbraucher-orientierten Markt der App-Shops abgedeckt wird. Auch auf dem B2B-Markt ist die App-Entwicklung ein allgegenwärtiges Thema. Hier arbeitet der Entwickler jedoch überwiegend im Kundenauftrag und gegen eine feste Entlohnung, so dass er sich um vermarktungstechnische Aspekte sowie um die Monetarisierung seiner Produkte keine Gedanken machen muss. Für die Entwicklung und den Einsatz von geschäftsorientierten App-Lösungen kommen noch überwiegend *etablierte* Plattformen, wie Blackberry OS oder Windows Mobile zum Einsatz.

4.2. Monetarisierung

4.2.1. Geschäftsmodelle für mobile Applikationen

Das *Pay-per-download* Modell ist das mit Sicherheit bekannteste Geschäftsmodell für die Monetarisierung von mobilen Applikationen. Daneben gibt es einige weitere Modelle, von denen die wichtigsten hier vorgestellt werden sollen. In einer aktuellen und repräsentativen Umfrage des britischen Marktforschungsinstitutes *VisionMobile*[4] wurden über 850 Entwickler rund um den Globus nach den Geschäftsmodellen befragt, welche ihnen bislang

---

[1] Vgl. o.V.: Website des Apple App Store, 2011 sowie für Android o.V.: AndroLib Statistik, 2011
[2] Vgl. Ellison, Scott/ Shirer, Michael: IDC Forecasts Nearly 183 Billion Annual Mobile App Downloads by 2015: Monetization Challenges Driving Business Model Evolution, 2011
[3] Vgl. Pettey, Christy/ Goasduff, Laurence: Gartner Says Worldwide Mobile Application Store Revenue Forecast to Surpass $15 Billion in 2011, 2011; sowie o.V.: App stores' direct revenue to exceed $14 billion next year and reach close to $37 billion by 2015, 2011
[4] Im Rahmen der Studie „*Developer Economics 2011*": Parton, James, u.a.: Developer Economics, 2011

den größten Umsatz beschert haben. Das Ergebnis dieser Umfrage wird in der Abb.51 veranschaulicht.

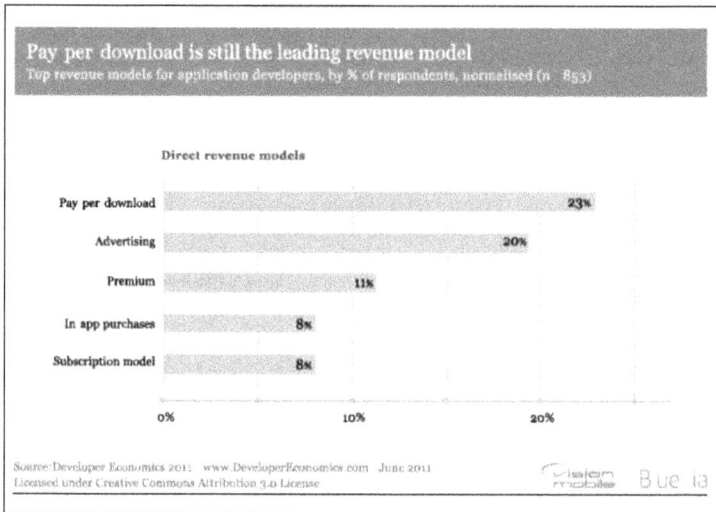

Abb. 51: Top 5 Geschäftsmodelle; Parton, James, u.a.: Developer Economics, 2011

Es dürfte keine Überraschung sein, dass das Pay-per-download Modell nach wie vor der primäre Einnahmen-Generator in der mobilen App-Vermarktung darstellt. Weitere Modelle, wie die Generierung von Einnahmen mittels Einblendung integrierter Werbebanner, das Anbieten von Premium-Inhalten, der In-App Verkauf oder Abonnement-Modelle rücken als Alternativen und Kombinationsmöglichkeiten jedoch immer mehr in den Fokus. Dabei gibt es durchaus plattformabhängige Unterschiede in der Wahl des jeweiligen Geschäftsmodells. So ist das Pay-per-download Geschäftsmodell bei iOS-Entwickler am populärsten, während die In-App Werbung bei Android-Entwicklern hoch im Kurs ist.[1]

4.2.1.1. Pay-per-download

Das Pay-per-download Geschäftsmodell ist ein selbsterklärendes Konzept. Es ist zudem das am einfachsten zu implementierende Modell, da lediglich bei der Einstellung des Apps in den App-Shop, der gewünschte Verkaufspreis eingegeben werden muss. Der schwierige Teil liegt daher eher in der Findung des adäquaten Verkaufspreises, der sogar je nach gewählter

---

[1] Vgl. Parton, James, u.a.: Developer Economics, 2011, S. 39

156

Vertriebsplattform, unterschiedlich ausfallen kann. So ermittelte eine Erhebung von Ende April 2011 die Durchschnittspreise von kostenpflichtigen Apps in Apples App Store mit 2,82 EUR, in Microsofts Windows Phone Marketplace mit 2,79 EUR und in Googles Android Market mit 2,33 EUR.[1]

Die hohen Durchschnittspreise, zu Zeiten der Öffnung der App Shops, konnten nicht lange gehalten werden, was wohl der raschen Verbreitung der Smart Devices geschuldet ist. Die zahlungsbereiten *Early Adopter* werden im Massenmarkt marginalisiert, die neuen Käuferschichten legen ein anderes Nutzungsmuster und vor allem andere Preiserwartungen an den Tag.[2]

Eine Untersuchung der Zahlungsbereitschaft für Apps im deutschen Markt, führte zuletzt das Medien-Netzwerk *Tomorrow Focus Media* durch.[3] Die ernüchternden Ergebnisse sind in Abb.52 dargestellt.

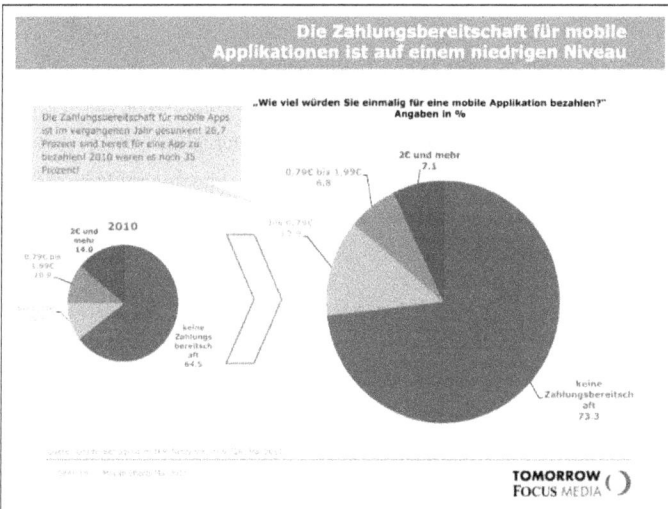

Abb. 52: Zahlungsbereitschaft für Apps; o.V.: Mobile Effects 2011, 2011, S.19

Beim Vergleich der Durchschnittspreise fällt auf, dass Android Apps gegenüber ihren

---

[1] o.V.: Apple, Android, Ovi & Co: Die größten App Stores im Vergleich, 2011
[2] Vgl. von Aspern, Peter: Zahlungsbereitschaft für Apps sinkt, 2011
[3] o.V.: Mobile Effects 2011: TOMORROW FOCUS Media veröffentlicht zweiteilige Studie zur mobilen Internetnutzung, 2011

Mitwettbewerbern recht deutlich abfallen. Hinzu kommt die Beobachtung, dass kostenpflichtige Apps in Apples App Store häufiger heruntergeladen werden als im Android Market. Das auf App-Shops spezialisierte Marktforschungsinstitut Distimo verdeutlicht dies an einem anschaulichen Beispiel: Seit der Öffnung des Android Markets im Oktober 2008 haben es bis Juli 2011 nur zwei kostenpflichtige Apps geschafft, die Marke von 500.000 Downloads weltweit zu knacken. In Apples App Store wurde diese Marke hingegen von sechs Apps und darüber hinaus alleine im US-Markt erreicht. Die Zeit, die sie dafür benötigten betrug lediglich zwei Monate. [1]

Die offenbar höhere Zahlungsbereitschaft von App Store Kunden wirkt sich auch auf die kumulierten Download-Zahlen des Stores und die Umsätze Apples aus. So stehen den bis dato 15 Milliarden kumulierten Downloads und dem erwarteten 2,91 Milliarden US-Dollar Jahresumsatz für 2011, lediglich 5 Milliarden kumulierte Download und erwartete 425,36 Millionen US-Dollar Jahresumsatz auf Googles Seite, dem schärfsten Konkurrenten Apples, entgegen.[2]

Die Akzeptanz der vergleichsweise hohen Durchschnittspreise in Kombination mit der vergleichsweise hohen Kaufbereitschaft der Apple-Kundschaft, macht das Pay-per-download Prinzip zu einem attraktiven Geschäftsmodell für iOS-Entwickler. Android-Entwickler hingegen, tendieren auf Grund der niedrigeren Umsatz-Aussichten eher zu anderen Modellen, wie etwa der In-App Werbung für kostenlose Apps.

4.2.1.2. In-App Werbung

Das Modell der In-App Werbung bzw. *In-App-Ads* umfasst die Einblendung von Werbebannern, zumeist in einem Randbereich der Benutzeroberfläche einer App. Einnahmen generiert der Entwickler für jeden Klick auf die eingeblendete Werbung.

Dieses Modell eignet sich zum einen insbesondere dann, wenn absehbar ist, dass die betreffende App, beispielsweise auf Grund von spärlichen Funktionalitäten und Inhalten oder auf Grund der niedrigen Kauffreudigkeit der potentiellen Kundschaft, keinen oder kaum Verkaufserlös mit dem Pay-per-download Modell erzielen würde. Die App muss also kostenlos angeboten werden, um eine möglichst große Nutzerzahl erreichen zu können. Die

---

[1] Vgl. Spriensma, Gert Jan, 2011: Monetization And Analytics In Appstores, S.18
[2] Vgl. Kent, Jack, 2011: Revenue for Major Mobile App Stores to Rise 77.7 Percent in 2011, 2011

Refinanzierung der App kann dann über die erreichte Nutzerbasis erfolgen, welche in Relation zu ihrer Größe die entsprechenden Werbeeinnahmen generieren kann. Zum anderen eignet sich dieses Modell auch dann wenn absehbar ist, dass die App häufiger genutzt wird, also auch entsprechende Werbe-Einblendungen häufiger angezeigt werden. Das könnte zum Beispiel bei einer Nachrichten-App der Fall sein, die der Nutzer potentiell täglich aufruft. Die Wahrscheinlichkeit für Werbeinnahmen steigt in diesem Fall mit der höheren Nutzungshäufigkeit.

Die größten Anbieter für Werbung auf mobilen Geräten bzw. für In-App-Ads sind die hauseigenen Werbeplattformen AdMob von Google und iAd von Apple. Während iAd lediglich Lösungen für die eigene iOS-Plattform liefert, versorgt AdMob verschiedene Plattformen, darunter auch iOS und Windows Phone mit Werbe-Lösungen. Demgegenüber ist einer der Vorteile von iAd, dass ein entsprechendes iAd-Framework bereits vollständig im iOS-SDK integriert ist, während für AdMob ein externes SDK verwendet werden muss. Der hohe Spezialisierungsgrad des iAd-Frameworks erlaubt zudem eine konsistentere Einbindung von Werbung in iOS-Apps, so dass es beispielsweise möglich ist, angeklickte Werbung zu öffnen, ohne dass die beherbergende App geschlossen wird. Für die Einbindung von Werbung in Windows Phone Applikationen bietet mittlerweile auch Microsoft mit dem *pubCenter*-Service eine bequeme, integrierte Lösung an. Diese ist allerdings bislang nur für Entwickler in den Vereinigten Staaten zugänglich.

Häufig wird das In-App Werbe-Modell auch in Kombination mit dem Pay-per-download Modell verwendet. So kann der Nutzer eine kostenlose aber werbe-intensive Applikation, nachträglich und gegen Gebühr in eine werbefreie Version umwandeln.

Eine weitere Werbeform, die in der Welt der mobilen Applikationen ebenfalls häufiger anzufinden ist, ist das *Affiliate*-Marketing. Hier schaltet der Entwickler Werbeanzeigen, Links oder Empfehlungen für bestimmte Werbepartner oder Werbepartner-Netzwerke in seiner App. Wird der Nutzer über diese Anzeigen, Links oder Empfehlungen zu einem Kauf des Produktes oder der Dienstleistung des Werbepartners veranlasst, so verdient der Entwickler hier durch einen festgelegten Provisionssatz mit.

4.2.1.3. Premium Versionen und In-App Käufe

Das simultane Anbieten einer freien, leistungsreduzierten Applikationen und eines kostenpflichtigen, leistungsreicheren Pendanten dazu, ist auch als *Freemium*-Prinzip[1] bekannt. Beispiele für derartige *Freemium*-Apps lassen sich etwa in der Kategorie der Spiele finden. Häufig werden kostenlose Spiele-Versionen mit einer begrenzten Level-Anzahl angeboten, denen eine kostenpflichtige Version mit zusätzlichen Leveln gegenübersteht – zum Beispiel Angry Birds gegenüber Angry Birds Lite. Ebenso existieren kostenfreie Produktiv-Anwendungen, welche beispielsweise bestimmte Funktionen erst in einer kostenpflichtigen Premium-Version anbieten – zum Beispiel QuickOffice Premium gegenüber QuickOffice Lite.

In diesem Zusammenhang ist auch das Modell der *In-App purchases*, also der Käufe aus einer App heraus, interessant. Hiermit lassen sich quasi ausgewählte Premium-Inhalte individuell dazukaufen. Primäre Anwendung hat dieses Modell ebenfalls in der Kategorie der Spiele gefunden. Hier können zum Beispiel bestimmte Gegenstände, sogenannte *In-Game Items,* die dem Spieler einen Vorteil gegenüber der Konkurrenz einräumen, gegen Geld erworben werden.

Aber auch für den digitalen Einzelhandel eröffnen sich mit der Möglichkeit der In-App Verkäufe ganz neue Perspektiven. So lassen sich beispielsweise aus einem Musikwiedergabe-App heraus, neue Musikstücke, aus einer eBook-Reader-App heraus, neue Bücher oder aus einer Navigations-App heraus, neues Kartenmaterial bequem dazu bestellen.

Apple und Google bieten in ihren SDKs die entsprechenden APIs an, um die benötigten Bezahl-Mechanismen der jeweiligen App-Shops anbinden zu können. In Android wird zu diesem Zweck über Service- und BroadcastReceiver-Komponenten mit dem Android Market und in iOS, mittels Klassen des *StoreKit Frameworks,* mit dem App Store kommuniziert. Beiden Plattformen ist die Einschränkung gemein, dass ausschließlich digitaler Content mit den *In-App purchase* Mechanismen erstanden werden kann. Seit der Erscheinung des Store Kit Frameworks mit dem iOS SDK 3.0, verbietet Apple darüber hinaus jede andere Form der In-App Kaufabwicklung. Der Anteil, den Apple und Google von den Verkaufserlösen einbehalten beläuft sich, wie auch bei dem Pay-per-download Modell, auf 30 Prozent.

---

[1] Marketing-Begriff zusammengesetzt aus *Free* und *Premium*.

Microsoft bietet für Windows Phone Anwendungen derzeit keine integrierte Lösung für In-App Verkäufe an. Hier müssen entsprechende Mechanismen selbst implementiert werden.

4.2.1.4. Abonnements

Das Abonnements-Modell beinhaltet die zeitlich begrenzte Bereitstellung von Inhalten gegen eine Gebühr. Es bietet sich daher insbesondere für Anbieter von Musik-, Film-, Magazin- oder Nachrichten-Content an. Als Beispiel sei hier die *Rhapsody*-Musikwiedergabe-App genannt, welche dem Benutzer gegen eine monatliche Gebühr von 9,99 USD, den uneingeschränkten Zugriff auf alle verfügbaren Musiktitel gewährt.

Apple ist zurzeit der einzige Anbieter, der eine entsprechende Abrechnungslogik zur Verfügung stellt, die sich innerhalb eines Apps einbinden lässt. Dazu greift der Entwickler wiederum auf das Store Kit Framework zurück, welches die Bezahl-Mechanismen des App Stores nutzt. Der Anteil, den Apple von jedem Subskriptions-Geschäft einbehält, beträgt auch hier wieder 30 Prozent.

4.2.2. Umsatzerwartung

Neben der Untersuchung der bevorzugten Geschäftsmodelle, die App-Entwickler zum Zwecke der Monetarisierung ihrer Produkte wählen, liefert die Studie *„Developer Economics 2011"* von VisionMobile, außerdem Rückschlüsse über die zu erwartenden Umsätze in der App-Entwicklung.

Die Auswertung der Umfrage-Ergebnisse hat unter anderem ergeben, dass ein Drittel der befragten Entwickler, weniger als 1.000 USD je Applikation im Durchschnitt umsetzt.[1] Ein Verlust-Geschäft wenn zudem die, häufig monatelange, Entwicklungszeit mitberücksichtigt wird. Dies wird weiterhin unterstützt durch die Aussage, dass 35 Prozent der Entwickler, weniger Umsatz mit ihren Apps generiert haben als sie erwarteten. Demgegenüber stehen lediglich acht Prozent der Entwickler, die mehr einnehmen als erwartet (siehe Abb.53).

Auch in der App-Entwicklung ist die Kluft zwischen Viel- und Wenig-Verdienern relativ groß. Während sich ein Drittel der Entwickler-Gemeinde mit weniger als 1.000 USD je Anwendung zufrieden geben muss, setzen Markt-Riesen wie Rovio – bekannt für das Spiel Angry Birds – nach eigenen Angaben rund eine Millionen US-Dollar pro Monat, nur mittels

---

[1] Vgl. Parton, James, u.a.: Developer Economics, 2011 , S. 36

der Werbeeinnahmen eines einzigen Apps um.

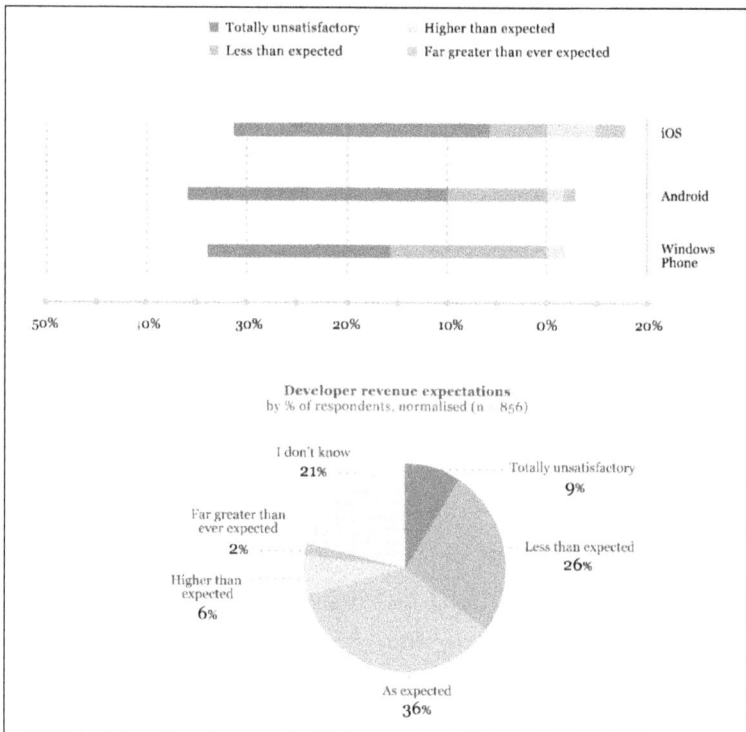

Legend:
■ Totally unsatisfactory   Higher than expected
▨ Less than expected   ▨ Far greater than ever expected

iOS
Android
Windows Phone

50%   ¡0%   30%   20%   10%   0%   20%

Developer revenue expectations
by % of respondents, normalised (n = 856)

I don't know
21%
Far greater than
ever expected
2%
Higher than
expected
6%
Totally unsatisfactory
9%
Less than expected
26%
As expected
36%

Abb. 53: Umsatzerwartung und Zufriedenheit; Parton, James, u.a.: Developer Economics, 2011

Der Schlüssel zum Erfolg liegt zum einen in der zündenden Idee, die in eine App resultiert, die wirklich jeder gebrauchen kann – im mobilen Marketing Fachjargon auch *Killer-App* genannt. Zum anderen ist es von essentieller Bedeutung, wenn auch kaum im Einflussbereich des Entwicklers, eine möglichst gute Platzierung in den Top-Listen der Shops zu erreichen oder gar vom Shop selbst empfohlen zu werden. Axel Wilzopolski, IT-Leiter bei dem privaten Wetterdienst MeteoGroup, bringt die Erfahrungen seines Arbeitgebers mit Apps in der Wettersparte folgendermaßen auf den Punkt: „Ob eine App den ersten oder dritten Platz im Ranking belegt, kann über Erfolg und Misserfolg entscheiden".[1]

---

[1] Wilzopolski, Axel in Born, Achim: Teilhabe, Verdienen mit App-Entwicklung, iX 01, 2011, S.49

Weitere Untersuchungsergebnisse belegen die unterschiedlichen zu erwartenden Umsätze, in Abhängigkeit von der Auswahl der jeweiligen Entwicklungs- bzw. Vertriebs-Plattform. Befragte Entwickler sollten angeben, um welchen Faktor X, im Vergleich zur am schlechtesten abschneidenden Symbian-Plattform mit dem Faktor 1, sie auf anderen Plattformen mehr verdienen. Das Ergebnis ist in Abb.54 veranschaulicht.

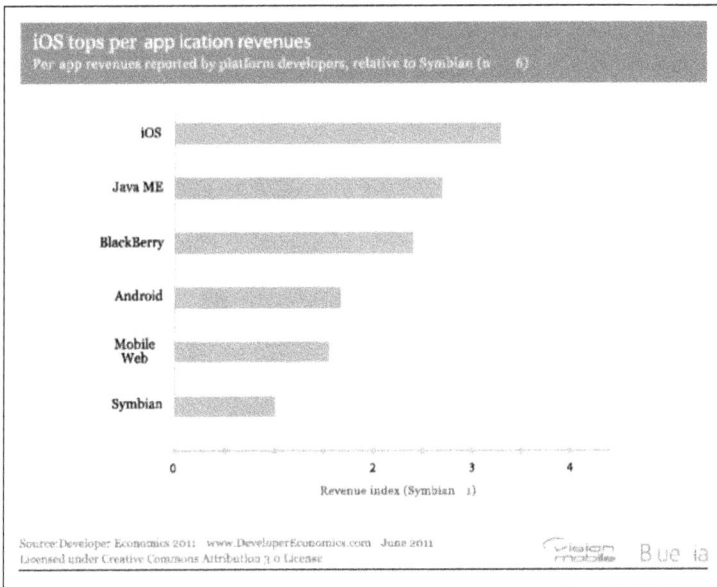

Abb. 54: Einnahmen je Plattform im Vergleich; Parton, James, u.a.: Developer Economics, 2011

Nach den Ausführungen in 4.2.1.1 ist es nicht weiter überraschend, dass iOS hier eine Spitzenposition mit 3,3mal so hohen Umsatzerwartungen wie bei der App-Entwicklung für die Symbian-Plattform innehält. Java ME Apps, hauptsächlich Spiele für Feature Phones, sowie die eher geschäftsorientierten Apps für das BlackBerry, bringen nach wie vor höhere Umsätze ein als Apps für die Android-Plattform. Diese Feststellungen werden weiterhin dadurch unterstützt, dass etwa 18 Prozent der iOS-Entwickler angaben mit ihren Erlösen zufrieden zu sein. Bei Android sind es nur rund sieben und bei Windows Phone etwa vier Prozent (siehe Abb.53).

Die Zukunft der Umsatz-Generierung im mobilen App-Markt, liegt nach einhelliger Meinung führender Marktforschungsunternehmen in den Möglichkeiten, welche das integrierte In-App purchasing bietet. So beruft sich zum Beispiel der Marktforscher für App-Shops Distimo auf ihre jüngst veröffentliche Untersuchung, welche belegt, dass bereits jetzt bis zu 72 Prozent des Umsatzes der 200 erfolgreichsten Applikationen im amerikanischen iOS-App-Markt, durch In-App Käufe erwirtschaftet wurden (Siehe Abb. 55). Dieses Ergebnis wird erzielt, obwohl lediglich acht der 200 erfolgreichsten iOS-Applikationen, die In-App Verkäufe überhaupt unterstützen. Im Vorjahr betrug der Umsatzanteil der In-App Verkäufe desselben Marktes laut Distimo lediglich 28 Prozent.[1]

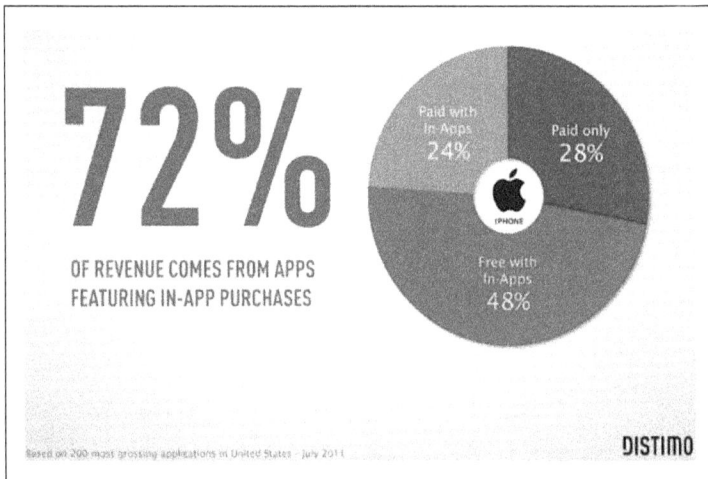

Abb. 55: Umsatz durch In-App Verkäufe; o.V.: Distimo, 2011

Der Marktforscher *Juniper Research,* hat sich umfassender mit den Auswirkungen der In-App Verkäufe in der Kategorie der Spiele auseinandergesetzt und erwartet in diesem Bereich einen Umsatz von etwa 11 Milliarden US-Dollar im Jahre 2015.[2] Dies würde rund 30 Prozent des von Canalys erwarteten Gesamt-Umsatzes von über 36,7 Milliarden USD aus App Downloads, Abonnements-Einnahmen und In-App Verkäufen, über alle App-Kategorien, entsprechen.[3]

---

[1] Vgl. Spriensma, Gert Jan, 2011: Monetization And Analytics In Appstores, 2011, S.9ff.
[2] Ashdown, Daniel: Press Release: Mobile Games Revenues to Surpass $11 billion Globally by 2015 as In-Game Purchases Overtake those of Pay-per-Download, says Juniper Research, 2011
[3] Siehe Kapitel 4.1

Insgesamt darf die Kategorie der Spiele als primärer Umsatz-Generator, nicht nur in Bezug auf die In-App Verkäufe, sondern im gesamten Kontext des App-Shop Marktes gesehen werden. VisionMobile gibt an, dass rund 45 Prozent des erzielten Gesamt-Umsatzes in Apples App Store, allein durch Spiele-Apps erwirtschaftet wurden.[1]

In dem folgenden Abschnitt sollen einige App-Kategorien, respektive App-Funktionalitäten vorgestellt werden, die abseits der Spiele-Welt von Interesse für den Endverbraucher, aber auch für den Geschäftskunden sein könnten und somit ein gewisses Umsatzpotential aus Entwicklersicht bergen.

4.2.3. Lukrative App-Entwicklungsfelder

Wie bereits im vorangegangenen Abschnitt erläutert wurde, ist für den Erfolg einer App unter anderem die Qualität der Idee, die dahinter steckt von großer Bedeutung. Um einen Anhaltspunkt zu erlangen, in welche Richtung die Idee gehen sollte, nützt es, sich über die Bedürfnisse der potentiellen App-Nutzer, respektive des App-Gesamtmarktes Gedanken zu machen.

Eine Hilfestellung dahingehend liefern zum Beispiel Markt-Analysten wie Gartner, welche potentielle Entwicklungsfelder des App-Marktes für die kommenden Jahre ermitteln. Eine entsprechende Studie liefert Gartner mit dem Report *„Mobile Insight: Ten Consumer Mobile Applications To Watch in 2012"*.[2] In Anlehnung an die Studien-Ergebnissen werden die aussichtsreichsten Entwicklungsfelder hier kurz dargestellt.

- *Location based services*: Apps mit integrierten Lokalisierungsfunktionen sind nicht nur für den Kunden, sonder auch aus wirtschaftlicher Sicht interessant. So könnten beispielsweise Lieferantenservice-Apps automatisch Bestellungen in der nächstgelegenen Filiale aufgeben oder Werbedienste könnten ortsabhängige Angebote einblenden. Gartner schätzt, dass die potentielle Nutzerbasis für *Location based services* im Jahre 2014 bis auf 1,4 Milliarden Nutzer anwachsen wird.
- *Social networking*: Apps für das *social networking* stellen laut Gartner die am schnellsten wachsende Sparte aller untersuchten App-Sparten dar. Entwickler haben die Möglichkeit, sich über angebotene APIs an die großen Plattformen

---

[1] Vgl. Parton, James, u.a.: Developer Economics, 2011, S. 38
[2] Vgl. Pettey, Christy / Goasduff, Laurence: Gartner Identifies 10 Consumer Mobile Applications to Watch in 2012, 2011

anzubinden, um so die eigene App mit *social networking* Funktionen anzureichern. Aus wirtschaftlicher Sicht sind soziale Netzwerke immer eine relativ leicht zu erreichende, potentiell große Kundenbasis.

- *Mobile search:* Apps, wie der Barcode-Scanner mit integrierter Online-Suche und Preisvergleich, ebneten den Weg. Weiteres Potential bieten Funktionalitäten, die dem Benutzer, aufbauend auf einer Online-Suche, weiterführende Aktionen anbieten, wie etwa den direkten Kauf eines Produktes oder die sofortige Anforderung einer Dienstleistung.

- *Mobile commerce:* Apps, die das Einloggen in ein reales Geschäft ermöglichen sobald der Kunde eintritt, so dass dem Inhaber automatisch Kundeninformationen bereitgestellt werden, oder Apps, die fotografierte Produkte, direkt in einen Online-Warenkorb übertragen können, sieht Gartner als die zukunftweisenden Technologien des *mobile commerce.*

- *Mobile payment:* Schon länger ein Haupt-Thema der mobilen Bezahlung, ist die Technologie der *near field communication (nfc).* Bereits seit 2007 können an den Automaten der österreichischen Bundesbahn, Bezahlvorgänge mittels *nfc* abgeschlossen werden – also durch das Heranhalten des Smartphones an den Automaten. Hier besteht noch enormes Entwicklungspotential für entsprechende Apps. Eine vollständige Marktdurchdringung sieht Gartner nicht vor 2015.

- *Context-aware services:* Apps decken das Entwicklungsfeld der *context-aware services* ab, wenn sie beispielsweise Content, Produkte oder Dienstleistungen bereitstellen, die genau auf das Profil des Benutzers, in Hinsicht auf Gewohnheiten, Hobbies, Vorlieben, etc., zugeschnitten sind. Aus wirtschaftlicher Sicht sind derartige Funktionen zum Beispiel für die Bereitstellung zielgruppengerechter Werbung interessant.

- *Object recognition:* Die Technologie, welche die Identifikation von Objekten in Aufnahmen ermöglicht, bietet viele Ansatzpunkte für die Entwicklung innovativer Apps. Wie in dem *mobile commerce* Beispiel bereits angeführt, ließe sich mit Hilfe dieser Technologie, ein abfotografiertes Produkt in einem Internet-Shopping-Portal finden und bewerben.

4.3. Vertriebsmöglichkeiten

Für die Verteilung marktreifer Apps bietet sich, anders als bei Desktop-Software, eine vergleichsweise begrenzte Anzahl an offiziellen Vertriebswegen an. Primäre und meistbeachtete Vertriebsmodelle sind die plattformeigenen, Endverbraucher-orientierten *App-Shops*, wie etwa der *Android Market* für Android Applikationen, der *App Store* für iOS Applikationen und der *Windows Phone Marketplace* für Windows Phone Applikationen. Letztere beide Shops vertreiben ihre Inhalte exklusiv. Windows Phone und iOS Entwickler haben also, im Gegensatz zum Android Entwickler, keine weiteren offiziellen Vertriebsplattformen zur Verfügung, um ihre Produkte für jedermann zugänglich zu machen.

Im Folgenden sollen die genannten App-Vertriebsplattformen und, wenn vorhanden, die Alternativen kurz vorgestellt werden. Des Weiteren sollen, ebenfalls in Kürze, die Schritte aufgezeigt werden, die notwendig sind, um die mobile Anwendung auszuliefern, respektive in den Anbieter-eigenen Vertriebsplattformen einzustellen.

4.3.1.   Google Android Market

4.3.1.1. Spezifikationen

Googles offizielle App-Vertriebsplattform ist der Android Market, welcher im Oktober 2008 erstmals seine Pforten öffnete. Aktuell beherbergt die Plattform etwas über 260.000 Apps[1] bei geschätzt rund 5 Milliarden Downloads seit der Öffnung des Portals. Demgegenüber stehen etwa 170 Millionen Android-Geräte, die sich derzeit im Umlauf befinden, was einem prozentualen Anteil an der gesamten *application user base* von 28 Prozent entspricht. Der Durchschnittspreis einer kostenpflichtigen Android App liegt bei 2,33 EUR. Der Android Market ist der einzige Shop bei dem der Kunde vom Kauf zurücktreten kann – auch wenn die Frist zur Geltendmachung des Rücktritts bereits nach einer Viertelstunde abläuft. Google streicht einen Anteil von 30 Prozent des Erlöses je verkaufter App und für jeden In-App Verkauf ein. Laut Prognosen des Marktforschungsinstitutes iSuppli wird Google zum Ende dieses Jahres einen Umsatz von 425,36 Millionen US-Dollar mit dem Android Market erzielt haben, was einem Wachstum von knapp 300 Prozent im Vergleich zum Vorjahr

---

1 Vgl. o.V.: Number of available Android applications, 2011
  Anmerkung: Statistiken, die größere Zahlen angeben, beinhalten zum Teil auch die Angebotszahlen der Vertriebsplattformen von Googles Geschäftspartnern, z.B. Amazon.

entspricht.[1]

Um auf dem Android Market Apps veröffentlichen zu können, wird eine Registration gegen eine Gebühr von 25 USD fällig.

Google Android Market	
	• Geöffnet seit: Oktober 2008 • Anzahl Apps: ca. 260.000+ • Anzahl Downloads: ca. 5+ Mrd. • Gerätebasis: 170 Mio. Stk. • Anteil *app user base*: 28% • Pay-per-download, In-App purchase • Durchschnittspreis: 2,33 EUR • Entwickleranteil: 70% • Umsatz 2011: 425,36 Mio. USD • Registrationsgebühr: 25 USD (einmalig)

Tab. 10: Google Android Market; eigene Darstellung

Google ist der einzige der drei Wettbewerber, der den Vertrieb seiner Apps über unabhängige App-Shops und darüber hinaus sogar, die freie Verteilung nach eigenem Ermessen der Entwickler duldet. Dies ist möglich, da sich ein Anwendungspaket, sprich die apk-Datei, anders als bei iOS und Windows Phone, ohne weiteres auf beliebige Endgeräte überspielen und installieren lässt.

Zu den unabhängigen App-Shops gehören beispielsweise AndroidPIT.de, PocketGear.com, oder der App Store von Amazon. Die Shops implementieren ihr eigenes Bezal- und Verteilungssystem.

---

[1] Kent, Jack, 2011: Revenue for Major Mobile App Stores to Rise 77.7 Percent in 2011, 2011

4.3.1.2. Veröffentlichung

Um eine Android-Anwendung im Android Market veröffentlichen zu können, sind mindestens die folgenden Schritte durchzuführen:

- Erzeugung eines Release-fähigen Builds der Anwendung.
- Signieren des Anwendungspakets mit einem eigenen Zertifikat.
- Upload des Anwendungspakets und Bereitstellung von Informationen und Grafiken.

Ein Release-fähiges Build erfordert mindestens die Versions-Angaben im Android-Manifest. Versions-Nummer und -Name werden vom Android Market dazu benötigt, um dem Anwender später etwaige Updates automatisch zur Verfügung stellen zu können.

Ist eine versionierte apk-Datei erstellt worden, so muss diese mit einem Zertifikat des Entwicklers signiert werden. Die Signierung ordnet Anwendung und Entwickler eindeutig einander zu. Der in Eclipse integrierte Export-Assistent der Android Development Tools hilft bei der Erstellung eines eigenen Zertifikats und der anschließenden Signierung.

Nach einer Registrierung im Android Market gegen eine Gebühr von 25 USD, kann die Anwendung nun umgehend hochgeladen und freigeschaltet werden. Für die Anzeige im Android Market werden einige Grafiken, unter anderem In-App Screenshots, und Beschreibungen für die App benötigt. Es können außerdem die Ziel-Märkte sowie der Verkaufspreis festgelegt werden.

Sind alle Einstellungen vorgenommen und abgespeichert, so wird die Anwendung sofort und ohne vorangehende Prüfung, im Market angezeigt und kann fortan von interessierten Anwendern heruntergeladen werden. Updates werden in Form von neu versionierten Release-Builds hochgeladen und den Anwendern automatisch zur Verfügung gestellt.

4.3.2. Apple App Store

4.3.2.1. Spezifikationen

Apples App Store ist die älteste der drei hier vorgestellten Vertriebs-Plattformen und ist, seit ihrer Öffnung im Juli 2008, maßgeblich für den bis heute anhaltenden App-Boom mitverantwortlich. Der App Store ist mit 425.000 beinhalteten Apps[1], der zurzeit größte plattformeigene App-Shop im Wettbewerb. Ebenfalls Spitze ist die kumulierte Download-Zahl von über 15 Milliarden. Demgegenüber steht eine derzeitige Geräte-Anzahl, inklusive iPads und iPods, von etwa 240 Millionen Stück, was einem prozentualen Anteil von 37 Prozent an der gesamten *application user base* entspricht. Der Durchschnittspreis der kostenpflichtigen Anwendungen liegt bei 2,83 USD, wovon Apple 30 Prozent einbehält. Der App Store ist Vorreiter in der Implementierung von *In-App purchase* Mechanismen und zudem bislang einziger Shop, der eine integrierte Lösung für Abonnements-basierte Geschäftsmodelle anbietet. Auch hier behält Apple von jedem erzielten Erlös 30 Prozent ein. Die Implementierung unabhängiger Abrechnungslogik für In-App Verkäufe und Abonnements-Verträge ist strikt verboten. Die Umsatzerwartungen von Apple für dieses Jahr belaufen sich nach iSuppli auf 2,91 Milliarden USD, was einer Steigerung von rund 63 Prozent gegenüber dem Vorjahres-Umsatz entsprechen würde.[2] Zahlen wie diese belegen die noch unangefochtene Markt-Führerschaft Apples im Segment der App-Shops.

Das Recht Apps im App Store zu vertreiben, wird mit der Registrierung am Apple Developer Program erworben, welches mit 99 USD pro Jahr zu Buche schlägt. Für das Hochladen der App wird weiterhin ein iTunes Connect Konto benötigt.

---

[1] Vgl. o.V.: Website des Apple App Store, 2011
[2] Kent, Jack, 2011: Revenue for Major Mobile App Stores to Rise 77.7 Percent in 2011, 2011

Apple App Store	
	• Geöffnet seit: Juli 2008 • Anzahl Apps: ca. 425.000+ • Anzahl Downloads: ca. 15+ Mrd. • Gerätebasis: 240 Mio. Stk. • Anteil *app user base*: 37% • Pay-per-download, In-App purchase, Abonnements • Durchschnittspreis: 2,82 EUR • Entwickleranteil: 70% • Umsatz 2011: 2,91 Mrd. USD • Registrationsgebühr: 99 USD/Jahr

Tab. 11: Aplle App Store; eigene Darstellung

Der App Store ist, wie schon erwähnt, der einzige offizielle und öffentliche Vertriebskanal für iOS Apps. Daneben bietet Apple die eigenverantwortliche Möglichkeit der Ad hoc Verteilung einer App auf maximal 100 registrierte, also vorab bekannte Geräte sowie, für Firmen, das Developer Enterprise Program für 299 USD im Jahr. Letzteres erlaubt die Verteilung von Apps innerhalb des Unternehmens, jedoch unter Ausschluss der App Store-Nutzung.

4.3.2.2. Veröffentlichung

Im Vergleich zu den Konkurrenten Google und Microsoft, ist der Veröffentlichungs-Prozess bei Apple langwierig und kompliziert. Die folgenden Schritte wird der Entwickler von iOS-Apps mindestens benötigen:

- Anforderung eines Distributions-Zertifikats.
- Anforderung des WWDR-Zertifikats.
- Anlegen einer App ID.
- Anlegen und Installation eines *Distribution Provisioning Profile*s.
- Erzeugen und Signieren eines Release-fähigen Builds.
- Upload des Anwendungspakets via iTunes Connect und Hinzufügen von Grafiken und Informationen für den App Store.

171

- Ergebnisse der Prüfung abwarten und gegebenenfalls nachbessern.

Wurde bereits ein *Development*-Zertifikat und ein *Development Provisioning Profile* erstellt, um die App auf einem physischen Gerät testen zu können, so entfallen die Schritte zur Anforderung eines WWDR-Zertifikats und der Erstellung der App ID, da diese bereits ausgeführt sein sollten.

Die Anforderung des Distributions-Zertifikats erfolgt analog zur Anforderung des Development-Zertifikats.[1] Dasselbe gilt für die Erstellung des Distribution Provisioning Profiles. Hier besteht die Wahl zwischen einem Ad hoc Profil, für die eigenhändige Verteilung auf maximal 100 registrierte Geräte, oder einem App Store Profil, welches die Veröffentlichung auf Apples Vertriebs-Plattform ermöglicht. Sind Zertifikat und Provisioning Profile für die Distribution erstellt worden, so können damit Apps während des Release-Builds signiert werden. Im Release-Paket wird zudem eine Datei *Entitlements.plist* benötigt, welche den Zugriff der Anwendung auf iOS-Systemfunktionen regelt. Diese kann vor dem Build-Prozess mit Hilfe des Assistenten hinzugefügt werden.

Das erfolgreich erstellte Release-Paket wird via iTunes Connect zur Prüfung bei Apple eingereicht. Es sind außerdem diverse Grafiken, unter anderem In-App Screenshots, und einige Beschreibungen zur Applikation sowie zum Ersteller abzugeben. Im Folgenden beginnt die mehrtägige Prüfung des Apps durch Apple. Es wird unter anderem sichergestellt, dass kein schädlicher Code ausgeführt oder sittenwidrige Inhalte angezeigt werden. Der Kriterien-Katalog ist relativ umfangreich und verleitet fallweise zu etwas fragwürdigeren Entscheidungen. So wurde einst das Nachrichtenmagazin *Stern* ein prominentes Opfer der App Store Wächter. Das stern.de-App wurde Ende 2009 überraschend aus dem Programm entfernt, da angeblich zu viel nackte Haut präsentiert wurde.[2] Diese Entscheidung wurde nach massiven Protesten mittlerweile revidiert.

---

[1] Siehe Kapitel 3.2.3.2
[2] Vgl. Müller, Martin: Apple entfernte Nachrichten-App aus Online-Shop, 2009

4.3.3. Microsoft Windows Phone Marketplace

4.3.3.1. Spezifikationen

Microsofts Windows Phone Marketplace öffnete im Oktober des Jahres 2010 erstmals seine Pforten. Die Anzahl der verfügbaren Apps beziffert sich aktuell auf ca. 30.000 Stück[1], womit der Windows Phone Marketplace weit hinter den Marktführern Google und Apple zurückbleibt. Nach groben Schätzungen dürften derzeit rund fünf Millionen Windows Phone Geräte im Umlauf sein, was einem Anteil von etwa einem Prozent an der gesamten *application user base* entsprechen würde. Kumulierte Download-Zahlen sowie erste Umsatz-Prognosen für dieses Jahr sind bislang nicht bekannt. Der Durchschnittspreis der kostenpflichtigen Apps liegt bei 2,79 EUR. Der Entwickler hat die Möglichkeit eine Gratis-Testversion seines kostenpflichtigen Apps bereitzustellen. Von den Verkaufserlösen des Entwicklers behält auch Microsoft einen Anteil von 30 Prozent ein. Eine integrierte Unterstützung von In-App Verkäufen und Abonnements-Modellen ist derzeit nicht vorhanden.

Genau wie Apple, verlangt Microsoft für die Registrierung als Entwickler eine jährliche Gebühr von aktuell 99 US-Dollar. Darin enthalten ist die Veröffentlichung von 100 kostenlosen Apps im Marketplace. Für jede weitere kostenlose App wird eine Gebühr von 19,99 USD erhoben. Das Einstellen von kostenpflichtigen Apps ist hingegen ohne Einschränkungen möglich.

Microsoft Windows Phone Marketplace

- Geöffnet seit: Oktober 2010
- Anzahl Apps: ca. 30.000+
- Anzahl Downloads: n/a

- Gerätebasis: vmtl. 5 Mio. Stk.
- Anteil app user base: vmtl. 1%

- Pay-per-download
- Durchschnittspreis: 2,79 EUR
- Entwickleranteil: 70%
- Umsatz 2011: n.a.

- Registrationsgebühr: 99 USD/Jahr

Tab. 12: Windows Phone Marketplace; eigene Darstellung

---

[1] Gruber, Sebastian: Windows Phone 7: Fast 30.000 Apps veröffentlicht, 2011

Der Windows Phone Marketplace ist derzeit die einzige offizielle Möglichkeit für Entwickler, ihre Apps auf den Markt zu bringen. Apps, die nicht aus dem Marketplace stammen, lassen sich nicht auf Windows Phones installieren, es sei denn das betreffende Smartphone wurde für Nicht-Marketplace-Software freigeschaltet, wofür wiederum die kostenpflichtige Registrierung als Entwickler notwendig ist.[1]

4.3.3.2. Veröffentlichung

Die Schritte, die für die Veröffentlichung von Windows Phone Applikationen im Marketplace notwendig werden, sind die folgenden:

- Erstellung eines Release-fähigen Builds.
- Upload des Anwendungspakets bei Microsofts App Hub und Bereitstellung von Informationen und Grafiken für den Marketplace.
- Ergebnisse der Prüfung durch Microsoft abwarten und gegebenenfalls Fehler nachbessern.

Anders als bei Android und iOS Anwendungen, werden Windows Phone Anwendungen nicht vom Entwickler selbst signiert. Microsoft erledigt dies, im Zuge des Prüfungs-Vorgangs, automatisch mit Hilfe des *Authenticode*-Zertifikats, welches jedem App Hub-Nutzer nach der Registrierung zugewiesen wird.

Das Release-fähige Anwendungspaket wird, ohne weiteres Zutun, durch einen Build im Release-Modus von Visual Studio erstellt. Die resultierende xap-Datei wird im App Hub hochgeladen. Des Weiteren werden, wie bei Google und Apple auch, Informationen und Grafiken für die Darstellung im Marketplace benötigt. Der anschließende Prüfungsvorgang kann sich, wie auch bei Apple, über mehrere Tage hinziehen. Auch hier wird gegen verschiedene harte und weiche Kriterien geprüft. Die Prüfung wiederholt sich mit jedem Update der App.

---

[1] Siehe Kapitel 3.3.4.2

5. Abschlussbetrachtung

5.1. Zusammenfassung und Vergleich

In diesem Kapitel sollen alle kennengelernten Konzepte der App-Entwicklung auf den unterschiedlichen Plattformen noch einmal kompakt zusammengefasst und einander in vergleichender Weise gegenübergestellt werden. Dasselbe soll ebenso für die kennengelernten vermarktungstechnischen Aspekte geschehen. Auch wenn sich um einen möglichst objektiven Vergleich bemüht wird, so sind gewisse subjektive Einflüsse, beispielsweise begründet durch eine von der Java-Sprache geprägten Entwickler-Laufbahn, nicht gänzlich abzustellen.

Die Wertung der einzelnen Kriterien bzw. Merkmale ist nicht als absolut, sondern als relativ zu der Konkurrenz-Wertung zu verstehen. So ist zum Beispiel die Plus-Wertung in puncto System-Offenheit für das geschlossene iOS-System, nicht gleichbedeutend mit einer tatsächlich positiven Bewertung. Sie ordnet iOS lediglich in der Rangfolge vor Windows Phone ein, welches als geschlossenes System mit vielen nicht freigegebenen APIs noch schlechter abschneidet.

Des Weiteren sollte berücksichtigt werden, dass die Auswahl der Kriterien/Merkmale und die entsprechenden Wertungen, aus Sicht des Entwicklers vorgenommen wurde. Kriterien und Merkmale, die primär aus Anwendersicht interessant sind, wie Bedienbarkeit oder Design, sind hier nicht berücksichtigt und waren auch nicht Teil der Untersuchung.

Kriterium / Merkmal	Bewertung / Ausprägung		
	Google Android Version 2.2	Apple iOS Version 4.3	Windows Phone Version 7.0
1. Allgemeine Kriterien und Merkmale			
1.1. Voraussetzungen	! + Windows XP, Vista, 7 Mac OS X 10.5.8+ Linux	+ Mac OS X 10.6.6+	+ Windows Vista, 7 DirectX 10+
1.2. System-Offenheit	++ Quelloffen, alle APIs zugänglich.	+ Geschlossenes System.	+ Geschlossenes System, viele APIs (noch) nicht zugänglich.

175

1.3.	+	++	++
System-Sicherheit	Sandboxing	Sandboxing, Restriktionen und App-Prüfung	Sandboxing, Restriktionen und App-Prüfung
1.4.	**+**	**++**	**++**
Gerätevielfalt / Fragmentierung	Kaum Restriktionen. Kommt nicht nur auf Smartphones und Tablets zum Einsatz. Sehr hoher Fragmentierungs-Grad.	iPhone, iPad, iPod Touch, AppleTV 2.0	Keine Hersteller-Beschränkung. Hardware-Profil wird von MS diktiert.
	Anzahl: 100+	Anzahl: 4	Anzahl: 10+
1.5.	**++**	**+**	
Multitasking und Interapplikations-Kommunikation	Multitasking u.a. dank Service-Komponente möglich. IPC-Techniken verfügbar.	Quasi-Multitasking u.a. mittels zeitlich begrenzter Hintergrund-Verarbeitung.	(Noch) kein Multitasking.
1.6.	**++**	**+**	**+**
Entwicklungs-Sprachen	Java, C/C++	Objective-C, C/C++	Visual C#, Visual Basic.NET
1.7.	**++**	**+**	**+**
Entwicklungs-Kosten	0,00 USD	99,00 USD	99,00 USD
2. Entwicklungs-Umgebung und -Werkzeuge			
2.1.	**++**	**+**	**++**
Entwicklungs-Umgebung	Eclipse IDE	Xcode IDE	Visual Studio Express for Windows Phone
	Build: *.apk	Build: *.app	Build: *.xap
2.2.		**+**	**++**
Design-Werkzeuge	Integrierter Oberflächen-Editor mit den notwendigsten Funktionen.	Interface Builder. Zahlreiche Funktionen, gute Handhabung. WYSIWYG.	Expression Blend. Zahlreiche Funktionen, gute Handhabung. Autarke Entwicklung möglich. WYSIWYG.
	Fomat: XML	Format: xib/nib (XML)	Format: XAML

2.3.	++		+
Emulator / Simulator	Emulator. Unzählige Konfigurations- Möglichkeiten. Vorkonfigurierte Pakete (AVDs) erhältlich.	Simulator mit begrenztem Funktionsumfang.	Emulator mit begrenztem Funktionsumfang.
2.4.	++	++	+
Debugging-Werkzeuge	Standard-Funktionen und viele Extras, u.a. *Emulator Control* und Perfomance-Analyse-Tool.	Standard-Funktionen und viele Extras, u.a. Code Analyse und *Instruments* Werkzeug.	Standard-Funktionen
2.5.	++	++	++
Dokumentation und Support	Tutorials, Sprach-Referenz, Beispiel-Projekte, Video-Trainings, Community-Foren.	Tutorials, Sprach-Referenz, Beispiel-Projekte, Video-Trainings, Community-Foren.	Tutorials, Sprach-Referenz, Beispiel-Projekte, Video-Trainings, Community-Foren.

3. Entwicklungs-Konzepte

3.1.	++	+	+
Kennzeichnende Entwicklungs-Konzepte	Komponenten-basiert, offen, Multitasking, IPC, etc.	Entwurfmuster-Orientierung, geschlossen, viele APIs	Trennung von Design und Programmierung. MVVM, Datenbindung, Verhalten, etc.
3.2.	++	++	+
Datenhaltung	Datei E/A, SQLite DB, Preferences, Externer Speicher	Datei E/A, SQLite DB und Core Data, Preferences	IsolatedStorage, Cloud-Storage
3.3.	+	++	+
Hardware-Zugriffe	Alle APIs vorhanden, Gerätevielfalt erfordert Abfragemechanismen.	APIs perfekt auf Hardware-Komponenten zugeschnitten.	APIs perfekt auf Hardware-Komponenten zugeschnitten. (Noch) nicht alle APIs freigegeben.
3.2.		+	++
Spiele / Grafik	OpenGL ES	OpenGL ES, leistungsfähige Frameworks Core Garphics und Core Animations	DirectX, XNA-Framework

2. Wirtschaftliche Kriterien und Merkmale			
2.1 **Vertriebswege**	++ Android Market. Alternative Shops, wie Amazon, Androidpit, PocketGear, etc. Freie Verteilung möglich.	+ App Store, Ad hoc Verteilung (max. 100 registrierte Geräte), Programm für Unternehmen.	Windows Phone Marketplace.
2.2 **App-Shop**	++ Apps: 260K+ Unterstützt: Pay-per-download, In-App purchase. Provision: 30% Gebühr: 25 USD	Apps: 425K+ Zertifizierung notw. Unterstützt: Pay-per-download, In-App purchase, Abonnements. Aber: eigene Lösungen verboten. Provision: 30% Gebühr: 99 USD p.a.	+ Apps: 30K+ Zertifizierung notw. Unterstützt: Pay-per-download. Provision: 30% Gebühr: 99 USD p.a.
2.3 **Kunden- bzw. Gerätebasis**	+ Geräte: 170 Mio. Anteil *app user base*: 28%	++ Geräte: 240 Mio. Anteil *app user base*: 37%	Geräte: vmtl. 5 Mio. Anteil *app user base*: vmtl. 1%
2.4 **Umsatz-Erwartung**	+ Umsatz Pay-per-Download, In-App purchase: 425,36 Mio. USD Durchschnittspreis je App: 2,33 EUR Verdienstfaktor: 1,7 Zufriedenheit: 7% Unzufriedenheit: 36%	++ Umsatz Pay-per-Download, In-App purchase, Abonnements: 2,91 Mrd. USD Durchschnittspreis je App: 2,82 EUR Verdienstfaktor: 3,3 Zufriedenheit: 18% Unzufriedenheit:31%	Umsatz Pay-per-download: n.a. Durchschnittspreis je App: 2,79 EUR Verdienstfaktor: n.a. Zufriedenheit: 4% Unzufriedenheit: 34%
	Erster Rang (++), zweiter Rang (+), dritter Rang( )		

Tab. 13: Vergleich der Plattformen; eigene Darstellung

5.1.1. Allgemeine Kriterien und Merkmale

Voraussetzungen: Die Entwicklung mit dem Android SDK kann unter Windows, Mac OS X oder Linux erfolgen. Hier sind also die größten Freiheiten gegeben. Die Entwicklung mit dem iOS SDK erfolgt ausschließlich in einer Mac OS X Umgebung auf intel-basierter Hardware. Ähnlich restriktiv verhält es sich bei Windows Phone, wo lediglich die Betriebssysteme Windows Vista mit SP2 und Windows 7 unterstützt werden.

System-Offenheit und **-Sicherheit:** Diese zwei Aspekte sind eng miteinander verflochten. Googles Android ist gänzlich quelloffen und bietet damit das, in jeder Hinsicht, zugänglichste und modifizierbarste System. Dies resultiert in den größtmöglichen Freiheiten in der Entwicklung, was jedoch auch Türen und Tore für, bewusst oder unbewusst, schädigenden Programmcode öffnet. Aus Anwendersicht kommt hinzu, dass sich Apps vor der Veröffentlichung nicht, wie bei Apple und Microsoft, einer Prüfung unterziehen müssen. Erst nach entsprechender Rückmeldung durch den Verbraucher, zieht Google Schadsoftware aus dem Android Market zurück, was für betroffene Anwender bereits zu spät sein dürfte. Wird von den bewusst kriminellen Aktivitäten abgesehen, so bietet Android, dank Sandboxing und dem Linux-Berechtigungssystem, ein effektives Sicherheitssystem, um den Zugriff auf geschützte Daten zu unterbinden. Jede Nutzung von Systemfunktionen muss im Android-Manifest deklariert werden und wird dem Benutzer somit vor Installation zur Bestätigung angezeigt.

Microsoft und Apple hingegen unterhalten geschlossene Betriebssysteme, deren Interna größtenteils Firmengeheimnisse sind. Entwickler haben keinen direkten Zugriff auf die Low-Level-Systemfunktionen, sind also ganz auf die freigegebenen High-Level-APIs der Anbieter angewiesen. Apples iOS hat hier gegenüber Microsofts Windows Phone noch den Vorteil, dass wesentlich mehr APIs zur Verfügung stehen. Windows Phone bietet in der aktuellen Version 7.0 beispielsweise keine Entwickler-Schnittstellen für den Annäherungssensor, Lichtsensor, Kompass, Bluetooth oder die TCP/UDP-Sockets. Mit dem angekündigten 7.1 Update sollen aber viele Schnittstellen nachgeliefert werden.

Zusammen mit dem Konzept des Sandboxings von Drittanbieter-Anwendungen sowie der umfassenden Vorab-Überprüfung in den jeweiligen Vertriebskanälen, bietet die restriktive Produktpolitik von Apple und Microsoft von Haus aus ein insgesamt höheres Sicherheitsniveau ihrer Betriebssysteme gegenüber Googles Android.

Gerätevielfalt und Fragmentierung: Dank der Offenheit und der daraus resultierenden, einfachen Anpassbarkeit des Systems, hat sich Android mittlerweile auf eine Vielzahl von unterschiedlichen Smartphone- und Tablet-Modellen portieren lassen. Die hohe Reichweite und Verbreitung des Android-Betriebssystems kommt auch dem Entwickler und seinen produzierten Apps zugute. Was aus wirtschaftlicher Sicht aber wie ein Segen erscheint, ist aus Entwicklungstechnischer Sicht ein wahrer Fluch. Die Berücksichtigung der unterschiedlichen Display-Größen, der unterschiedlichen Hardware-Ausstattungen und der diversen Gerätehersteller-seitigen Anpassung, führt unter Umständen zu einem erheblichen Mehraufwand in der Entwicklung und fast immer zu Kompromissen in Darstellung und Funktion einer Anwendung.

In Hinsicht auf die Fragmentierungs-Problematik ist Apple mit seinen vier Geräten wesentlich besser aufgestellt. Microsoft dagegen beschreitet einen Mittelweg, indem es Windows Phone zwar für verschiedene Geräte verfügbar macht, jedoch nur unter der Voraussetzung, dass ein bestimmtes Hardware-Profil erfüllt wird.

Multitasking, Interapplikations-Kommunikation und Prozess-Management: Vollwertiges Multitasking wird aktuell nur vom Android Betriebssystem unterstützt. Dazu stellt es jedem Anwendungsprozess automatisch eine eigene Laufzeitumgebung, die hauseigene Dalvik Virtual Machine, zur Verfügung, welche unabhängig von anderen Anwendungsprozessen laufen kann. Der Android-Entwickler realisiert Hintergrund-Operationen für seine Anwendung, indem er eine Service-Komponente implementiert, welche jeden erdenklichen Code ausführen und sogar in einen eigenen Prozess ausgelagert werden kann. Andere Anwendungen können mit diesen Service, mittels Techniken der Interprozess-Kommunikation, in Verbindung treten. Weitere Möglichkeiten der Interapplikations-Kommunikation, bietet Android beispielsweise durch den Aufruf von Komponenten, mittels Intents, denen auch Daten angehängt werden können, sowie durch das Empfangen und Versenden von systemweiten Broadcast-Nachrichten.

Die Prozesse von geschlossenen Anwendungen werden, wie auch bei Apples iOS, nicht sofort beendet, sondern am Leben erhalten, bis beispielsweise eine Ressourcen-Knappheit eintritt. Dadurch kann ein schnelleres Laden beim Wechsel zwischen verschiedenen Anwendungen gewährleistet werden. Dies gilt auch für Microsoft Phone Anwendungen, sofern diese über den Zurück-Button verlassen, also nicht explizit geschlossen werden.

In Sachen Multitasking geht Apple einen eigenwilligen Weg, indem es nur einige bestimmte Konzepte der Hintergrund-Code-Ausführung erlaubt. Eine direkte Kommunikation zwischen Applikationen, wie bei Android, ist nicht vorgesehen. Jedoch kann über den Umweg des CustomURL-Konzeptes eine Quasi-Kommunikation erzielt werden.

Microsoft ist noch einen ganzen Schritt hinterher, da aktuell keine Form des Multitaskings oder der Interapplikations-Kommunikation zugelassen wird. iOS-ähnliche Konzepte für ein Pseudo-Multitasking sind hier aber mit dem kommenden 7.1 Update zu erwarten.

Echte Multitasking-Fähigkeit wirkt sich hochgradig negativ auf die Akku-Leistung aus. Insbesondere dann, wenn sie von Entwicklern falsch gehandhabt wird. Dennoch überwiegen aus Entwicklersicht die positiven Seiten, da mit den Möglichkeiten des Multitaskings und der Interapplikations-Kommunikation, auch ein Mehr an Möglichkeiten für die Entwicklung origineller Apps einhergeht.

Entwicklungs-Sprachen: Eine Wertung an dieser Stelle ist fast reine Geschmackssache. Java für Android und C# bzw. Visual Basic.NET sind die vergleichsweise *moderneren* Programmiersprachen. Android ermöglicht zudem die Einbindung von nativen C/C++ Code mittels des Native Development Kits. Diese Möglichkeit bietet Windows Phone nicht. Objective-C ist die hauseigene Sprache von Apple. Sie ist eine objektorientierte Erweiterung von C, weshalb bei der Entwicklung von iOS-Apps auch problemlos reine C-Syntax und sogar C++ Syntax verwendet werden kann. Da auf Grund des fehlenden Garbage Collectors, die Speicherverwaltung in der Hand des Entwicklers liegt und somit unnötiger Mehraufwand entsteht, müssen hier Abstriche gemacht werden.

Entwicklungs-Kosten: Da der Kampf um die freien Entwickler mit harten Bandagen geführt wird, verwundert es nicht, dass alle drei Anbieter ihre SDKs und Entwicklungswerkzeuge kostenlos zur Verfügung stellen. Um jedoch eine iOS oder eine Windows Phone Anwendung auf dem physischen Endgerät testen zu können, wird jeweils eine kostenpflichtige Registrierung als Entwickler über 99 USD fällig. Mit dieser Registrierung wird auch die Berechtigung zur Nutzung des hauseigenen Vertriebskanals erworben. Diese würde im Falle von Googles Android Market mit 25 USD zu Buche schlagen. Des Weiteren bleibt zu beachten, dass die Anschaffung von Apple-Hardware weitaus kostspieliger werden kann, als wenn kompatible Hardware für die Android und Windows Phone Entwicklung beschafft wird.

5.1.2. Entwicklungs-Umgebung und Werkzeuge

Entwicklungs-Umgebung: Wie auch in puncto Entwicklungs-Sprache, ist eine Wertung in diesem Bereich eine nahezu reine Geschmacksfrage. Die essentiellen Funktionen sind in allen Umgebungen vorhanden. Auch in der abgespeckten *Express for Windows Phone* Version kann Visual Studio gänzlich überzeugen. Besitzer einer vollwertigen Edition dürften hier in Sachen Funktionsumfang und Bedienungskomfort wohl die Nase vorne haben. Ein Wertungs-Minus gibt es für Xcode, da einige Bequemlichkeitsfunktionen, wohl auch auf Grund der Charakteristika der C-basierten Sprache nicht verfügbar sind. Neue Objekte etwa werden Xcode erst mit dem nächsten Compiler-Durchlauf bekannt gemacht.

Design-Werkzeuge: Mit Expression Blend hat Microsoft momentan das beste Oberflächen-Design-Werkzeug aller Wettbewerber im Rennen. Neben den üblichen Funktionalitäten für das Zusammenstellen einer ansprechenden GUI, werden außerdem Funktionen, wie die kennengelernten Verhalten/Behaviors oder Datenbindungen, angeboten, welche die Erstellung einer rudimentären App, ohne das Schreiben von Code, ermöglichen. Der Interface Builder von Apple ist ebenfalls ein sehr leistungsfähiges Design-Werkzeug, kommt aber nicht am Funktionsumfang von Expression Blend ran. Weit abgeschlagen ist zurzeit der, in Eclipse integrierte, Oberflächen-Editor von Android, der sich nur vergleichsweise mühsam bedienen lässt. In einigen Situationen ist der Entwickler/Designer besser damit beraten, das Layout händisch in XML-Code zu erstellen.

Simulator und Emulator: Google und Microsoft setzen auf Emulatoren, welche die Laufzeitumgebung auf dem physischen Gerät nahezu originalgetreu nachbilden. Apple hingegen liefert lediglich einen Simulator mit, welcher die physischen Geräte in einigen Situationen sogar fehlerhaft nachahmt und zudem nur einen geringen Funktionsumfang aufweist. Der Android Emulator genügt der physischen Geräte-Vielfalt dank umfangreicher Konfigurationsmöglichkeiten. Vorkonfigurierte Pakete, die *Android Virtual Devices,* lassen sich bei einigen Geräte-Herstellern und freien Programmierern kostenlos beziehen. Mit Hilfe der Debug-Werkzeuge lassen sich unter anderem eingehende Anrufe, SMS und sogar Lokalisierungs-Daten simulieren. Letzteren Datentyp kann auch der Windows Phone Emulator erzeugen. Darüber hinaus können sogar Beschleunigung-Daten simuliert werden. Weitere Funktionen oder gar Konfigurations-Möglichkeiten hat der Windows Phone Emulator jedoch kaum zu bieten.

Debugging: Alle drei Entwicklungsumgebungen unterstützen die gängigen Debugging-Funktionen wie das Setzen von Breakpoints, Step-by-Step bzw. Step-in Code-Ausführung oder Variablen-Inspektion. Während im Lieferungsumfang des Windows Phone SDKs aber sonst keine weiteren nennenswerten Funktionen oder Werkzeuge enthalten sind, beglücken Apple und Google ihre Entwickler mit einer Vielzahl von zusätzlichen Gimmicks, wie Code-Analyse-Funktionalitäten sowie diverse Performance-Messungs-Tools.

Dokumentationen und Support: Auch auf die Inhalte und den Umfang der offiziellen Dokumentations- und Support-Seiten, wirkt sich das Werben der drei Konkurrenten um die freien Entwickler, äußerst positiv aus. Jede erdenkliche Form der Dokumentation ist bei allen drei Anbietern in beinahe tagesaktuellen Versionen erhältlich. Abgerundet wird das Ganze noch durch zahlreiche Video-Tutorials und -Blogs, die ebenfalls frei zugänglich sind.

5.1.3. Entwicklungskonzepte

Fundamentale und **kennzeichnende Entwicklungskonzepte**: Da auch in der mobilen Entwicklung das Rad nicht gänzlich neuerfunden wird, sind sich die drei Plattformen in einigen grundlegenden Entwicklungskonzepten durchaus ähnlich. So wird in allen drei Plattformen objektorientiert programmiert, es wird strikt zwischen Daten-/Logik- und Präsentations-Schicht getrennt und die Lebenszyklen der Anwendungen sind Ereignis-gesteuert.

Android hebt sich von seinen Konkurrenten nicht nur auf Grund der freieren und vielseitigeren Entwicklungs-Möglichkeiten ab, welche mit der Offenheit und der Multitaskfähigkeit des Systems einhergehen. Auch mit der Umsetzung des Komponenten-basierten Anwendungs-Konzeptes und dem hervorragenden, auch anwendungsübergreifenden Zusammenspiel von Komponenten, hebt Android die mobile Entwicklung auf ein ganz neues Niveau. Ein Beispiel: Möchte der Anwender mit seinem iPhone ein Foto aufnehmen und es anschließend ins Internet via Facebook-App stellen, so muss er nach dem Aufnahme-Vorgang das Facebook-App öffnen, die entsprechende Funktion aufrufen und zuletzt das hochzuladende Foto auswählen. In Android genügt es, wenn er nach der Aufnahme die *Share*-Funktion aufruft. Ein entsprechender impliziter Intent wird aus der Kamera-App verschickt und alle Programme, die eine *Share*-Funktion implementiert und den passenden Intent-Filter eingerichtet haben – das kann neben der Facebook-App auch eine Flickr-App oder eine eigene Service-Komponente sein – werden dem Anwender für die automatische Erledigung dieser Aufgabe, in einer Auswahlliste angeboten.[1]

Das kennzeichnende Konzept der iOS-Programmierung ist die konsequente Entwurfsmuster-Orientierung, die sich durch nahezu alle Ebenen des Frameworks hindurchzieht. In der Windows Phone Entwicklung hingegen, wird die vollständige Trennung von Design- und Programmier-Aufgaben angestrebt. Dazu dient das hauseigene MVVM-Entwurfsmuster als Vorlage, welches unter anderem die Konzepte der Datenbindung und der Verhalten/Behaviors hervorgebracht hat.

Datenhaltung: iOS und Android unterstützen jeweils die Erstellung von Dateien und SQLite-Datenbanken innerhalb ihres Sandkastens. Android ist darüber hinaus auch das einzige System, das für die Arbeit mit externem Speicher vorgesehen ist. iOS bietet dafür mit dem Core Data Framework eine leistungsfähige Datenzugriffs-Schicht, welche gerne in Verbindung mit dem SQLite-Framework eingesetzt wird. Eine Datenzugriffs-Schicht implementiert auch Windows Phone mit dem IsolatedStorage-Konzept. Eine Unterstützung von lokalen Datenbanken ist aber erst für Version 7.1 vorgesehen, weshalb es für die aktuelle Situation einen Wertungsabzug gibt. Microsoft setzt strategisch stark auf Cloud Computing, weshalb leistungsfähige APIs für den Austausch von Daten mit Web-Services, beispielsweise mit Microsofts Azure-Service, vorhanden sind.

Hardware-Zugriffe: Der Zugriff auf die Hardware-Komponenten der jeweiligen Geräte, wie der Kamera, dem GPS-Modul oder den Sensoren, läuft bei allen drei Plattformen nach einem ähnlichen Schema ab. Es wird je Komponente eine Manager-Klasse angeboten, die direkt instanziiert, oder von der beim System eine globale Instanz angefordert werden kann. Der gravierende Unterschied liegt darin, dass Windows Phone und iOS Geräte stets dasselbe Hardware-Profil aufweisen. Der Entwickler kann also zum einen auf hochspezialisierte APIs zugreifen und sich zum anderen stets darauf verlassen, dass ihm die entsprechenden Komponenten auch zur Verfügung stehen. Der Android-Entwickler hingegen muss der hohen Geräte-Vielfalt und damit auch der vielfältigen Hardware-Profile Rechnung tragen. Vor jedem ersten Zugriff sollte per Abfragemechanismus geprüft werden, ob eine Komponente überhaupt vorhanden ist. Apps, die auf das Vorhandensein bestimmter Komponenten setzen, könnten auf einigen Geräten ihren Sinn verlieren.

---

[1] Vgl. Grundström, Peter: Mobile Development for iPhone and Android, 2010, S.35

Dennoch gibt es hier ein Wertungs-Plus für Android, da theoretisch jede erdenkliche Smartphone-Komponente angesteuert werden kann.

Grafik und **Spiele**: Neben der Möglichkeit des Imports von vorgefertigten, individuellen 2D-Grafiken, können diese auch programmatisch erzeugt werden. Androids Möglichkeiten fallen gegenüber dem umfangreichen Core Graphics Framework von Apple stark ab. Microsofts Expression Blend kann zu diesem Zweck sogar wie ein normales Grafik-Werkzeug genutzt werden. Zustandsübergänge und Animationen können hier ebenfalls leicht erstellt werden.

In Sachen 3D-Grafik, die insbesondere bei Spielen zum Einsatz kommt, setzen Apple und Google auf die bewährten OpenGL-Bibliotheken in der Embedded Systems Edition. Microsoft setzt auf das hauseigene DirectX und bietet das XNA-Framework an, welches die komplette Hardware abstrahiert und somit die Portierung von, beispielsweise Xbox-Spielen, auf das Windows Phone erheblich erleichtert.[1]

5.1.4. Wirtschaftliche Kriterien und Merkmale

Vertriebswege: Die meisten Kunden werden über die plattformeigenen App-Shops erreicht. Allein der Android Market und Apples App Store konnten auf diesem Wege schon insgesamt über 20 Milliarden Downloads absetzen. Google ist derzeit der einzige Anbieter, der die freie Verteilung von Apps auf individuellen Vertriebswegen erlaubt. Dementsprechend gibt es zahlreiche Alternativen zum Android Market. Während Microsofts Marketplace tatsächlich die einzige Möglichkeit für den Vertrieb von Windows Phone Apps darstellt, bietet Apple wenigstens zwei Lösungen für die eigenverantwortliche, interne Verteilung an. Zum einen das *Developer Enterprise Program,* welches die unternehmensinterne Verteilung erlaubt, und zum anderen die *Ad hoc* Verteilung, welche die Verteilung auf maximal 100 registrierte Geräte ermöglicht.

Plattformeigene App-Shops: Apples App Store ist in vielerlei Hinsicht Vorbild der App Shops von Google und Microsoft. So wurde unter anderem das Provisionsmodell von Apple unverändert übernommen. Dementsprechend fällt für jeden Bezahlvorgang, der über die jeweiligen App-Shops abgewickelt wird, eine Provision von 30 Prozent für den Shop-Eigner an. Das betrifft in erster Linie alle Einnahmen, die über den Verkauf von Apps erzielt

---

[1] Vgl. Völkl, Gerhard: Mäuse ohne Fenster, iX 01/11, 2011, S.43

wurden. Apple verdient darüber hinaus an jedem In-App Verkauf und jeder Abonnements-Einnahme mit, da für diese Geschäftsmodelle, ausschließlich die Abrechnungslogik des App Stores benutzt werden darf. Die entsprechenden APIs liefert Apple im *StoreKit Framework* mit. Seit März 2011 zieht Google nach und bietet ebenso Mechanismen für den integrierten In-App Verkauf an, erlaubt jedoch weiterhin die Nutzung von eigenen, provisionsbefreiten Lösungen, was Plus-Punkte in der Wertung ergibt. Microsoft hingegen unterstützt bislang nur die Abwicklung von Pay-per-download Verkäufen, stellt es dem Entwickler aber ebenso frei, eigene Lösungen für In-App Verkäufe und Abonnements zu implementieren.

Ein wichtiger Punkt in der Auswahl des geeigneten App-Shops, stellt die zu erwartende Wettbewerbsintensität dar. Diese soll an dieser Stelle anhand der Anzahl der angebotenen Apps ermittelt werden, da diese Zahl sowohl grobe Rückschlüsse auf die Anzahl der aktiven Entwickler erlaubt, als auch auf die Anzahl der zu der eigenen App konkurrierenden bzw. ähnlichen Apps. Mit rund 425.000 Apps im Angebot, ist der Wettbewerb in Apples App Store noch am stärksten ausgeprägt, gefolgt von Googles Android Market, der rasant aufholt. Am wahrscheinlichsten ist noch im Windows Phone Marketplace von Microsoft eine konkurrenzlose Nische zu finden, da dieser Shop bislang lediglich 30.000 Apps im Angebot hält.

Die Kosten für das Einstellen von Apps in den App-Shop belaufen sich bei Google auf einmalige 25 US-Dollar. Das Fehlen einer Vorab-Prüfung der einzustellenden Anwendungen, birgt aus Anwendersicht viele Risiken, aus Entwicklersicht ermöglicht dies jedoch eine wesentlich kürzere *time-to-market* Dauer im Vergleich zur Konkurrenz. Diese verlangt für das Veröffentlichen von Apps in ihren Shops 99 US-Dollar pro Jahr. Der Zertifizierungsvorgang bei Apple ist vergleichsweise undurchsichtiger und langwieriger als bei Microsoft.

Geräte- bzw. Kundenbasis: Mit etwa 240 Millionen Smart Devices im Umlauf, also iPhones, iPads und iPod Touch Geräten, hat Apple momentan die größte Geräte- und somit auch potentielle Kundenbasis zur Verfügung. Apples prozentualer Anteil an der gesamten *application user base*, also der Menge von Kunden mit direktem Zugang zu einem App-Shop auf ihrem mobilen Endgerät, wird mit 37 Prozent beziffert. Android Geräte rangieren zurzeit noch auf Platz zwei, mit 170 Millionen Geräten im Umlauf und einer application user base von 28 Prozent der Gesamtbasis. Dieser Rückstand zu Apple könnte jedoch schon in

Bälde aufgeholt sein, da sich Android Geräte seit Ende des vergangenen Jahres am stärksten verkaufen. So waren im zweiten Quartal 2011 knapp die Hälfte aller verkauften Geräte mit dem Android- und lediglich ein Fünftel mit dem iOS- Betriebssystem ausgestattet.

Die Geräte- und Kundenbasis von Windows Phone kann aktuell nur geschätzt werden, da sich Microsoft mit offiziellen Angaben, wohl auf Grund der schlechten Entwicklung in diesem Jahr, sehr bedeckt hält. Grundsätzlich kann von rund fünf Millionen Geräten im Umlauf ausgegangen werden, was einem Anteil von rund einem Prozent an der gesamten *application user base* entsprechen würde. Damit fällt Microsoft noch weit hinter der Konkurrenz zurück.

Umsatz-Erwartung und Bewertung der Verdienstmöglichkeiten: Der massive Umsatz den der App Store im Vergleich zu seiner Konkurrenz generiert, resultiert nicht nur aus der größeren Kundenbasis und dem Provisionszwang für jede Einnahme-Art. Sie zeugt außerdem auch von einer größeren Kauffreudigkeit der App Store Kundschaft, die sich in höhere Download-Zahlen niederschlägt, trotz vergleichsweise höherer Durchschnittspreise der kostenpflichtigen Apps. Es überrascht daher nicht, dass der Anteil der iOS-Entwickler, die mit ihren Einnahmen zufrieden sind, mit 20 Prozent, mehr als doppelt so hoch liegt wie bei den Android- und Windows Phone-Entwicklern. Des Weiteren ergab eine Untersuchung, dass App-Entwickler nach eigenen Einschätzungen, etwa 3,3mal so viel Umsatz mit iOS-Apps erzielen als mit der Vergleichs-Plattform Symbian. Android-Apps hingegen, erzielen lediglich 1,7mal so viel Umsatz wie Symbian-Apps.

5.2. Fazit und Ausblick

Mobile Anwendung bzw. *Apps* begannen ihr Dasein als kaum beachtete Zusatzanwendungen für die ersten, leistungsfähigeren Mobilfunktelefone, den sogenannten *Feature Phones*. Mit dem Erscheinen des ersten iPhones und der zeitgleichen Eröffnung von Apples App Store im Sommer 2008, entwickelte sich urplötzlich ein nie da gewesener Hype rund um die mobilen Zusatzanwendungen. Der bis dato überwiegende Einsatzbereich in unternehmerischen Gefilden verlagerte sich in der Folge immer mehr auf die leistungsfähigen *Smartphones* des privaten Endanwenders. Drei Jahre später kann festgehalten werden, dass sich aus dem anfänglichen Hype ein ernst zu nehmender Wirtschaftszweig mit enormen Wachstumsraten und weiterhin enormen

Wachstumspotential entwickelt hat. So gehen Marktforschungsunternehmen davon aus, dass in diesem Jahr rund 15 Milliarden US-Dollar mit Downloads, In-App Verkäufen, Abonnements-Gebühren und In-App Werbeeinnahmen, alleine im Markt der App Shops umgesetzt werden können. Im Jahr 2015 soll dieser Umsatz bis auf 58 Milliarden US-Dollar anwachsen.

Der App-Markt wird zurzeit von den zwei Branchen-Riesen Apple und Google beherrscht, die jeweils mit ihren eigenen Betriebssystemen für *Smart Devices,* iOS und Android, aufwarten. Daneben im Blickpunkt befindet sich insbesondere das Windows Phone Betriebssystem von Microsoft, dem Nachfolger und zugleich komplette Neuentwicklung der betagten und eher geschäftsorientierten Windows Mobile Plattform. Mit bislang geschätzten rund fünf Millionen Geräten im Umlauf und rund 30.000 Anwendungen im Angebot ist Windows Phone aber noch weit von seinen Konkurrenten iOS, mit 240 Millionen Geräten und 425.000 Anwendungen, sowie Android, mit 170 Millionen Geräten und 260.000 Anwendungen, entfernt. Die größten Hoffnungen Microsofts auf eine baldige und hinreichende Marktdurchdringung, liegen in der strategischen Allianz mit dem Hersteller-Branchen-Primus Nokia. Erste Nokia Windows Phone Geräte werden gegen Ende 2011 erwartet.

Die Wahl der Entwicklungs-Plattform ist in gewisser Hinsicht eine Religionsfrage, die sich als Entscheidung zwischen einer offenen, aber dafür hoch-fragmentierten Plattform oder einer restriktiven, aber dafür sicheren Plattform mit hohem Identifikationswert für die Benutzer auf den Punkt bringen lässt. Android ist ein Vertreter der ersteren Kategorie während iOS klar der letzteren zuzuordnen ist. Windows Phone ist als geschlossenes, restriktives System ebenfalls der letzteren Kategorie angehörig. Eine eindeutige Empfehlung für den unschlüssigen Entwickler kann nicht ausgesprochen werden. Android hinterlässt im getätigten Vergleich einen überwiegend positiven Eindruck und kann insbesondere durch enorme Freiheiten in der Programmierung und der Nutzung von System-APIs glänzen. In Sachen grafischer Gestaltung jedoch, ist der Entwickler bei den Konkurrenten iOS und Windows Phone sehr viel besser aufgehoben.

Ein wichtiger Faktor für die Entscheidung stellt das Monetarisierungspotential für vermarktete Apps dar. Dieses fällt je nach Plattform unterschiedlich groß aus. Den schärfsten Wettbewerb verspricht der Apple App Store allein auf Grund der schieren Fülle an potentiellen Konkurrenz-Apps. In dieser Hinsicht bietet der Windows Phone Marketplace die größten Erfolgsaussichten bei der Suche nach einer goldenen Marktnische. Auf der anderen Seite jedoch zeigt sich die App Store Kundschaft als vergleichsweise kauffreudiger als die Kundschaften der Konkurrenz. Der aktuelle Durchschnittspreis von 2,82 Euro je kostenpflichtiger App ist zurzeit Spitze und führt in Kombination mit den unangefochtenen 15 Milliarden kumulierten Downloads seit Öffnung des App Stores zu jährlichen Umsatzrekorden im Hause Apple. Zum Ende dieses Jahres wird mit einem Umsatz von über 2,91 Milliarden US-Dollar gerechnet, welcher alleine durch Download-Erlöse in Apples App Store erwirtschaftet wurde. Googles Android Market bleibt mit lediglich 425,36 Millionen US-Dollar Jahresumsatz signifikant zurück.

Diese gravierenden Unterschiede finden sich auch in der Situationsbewertung der Entwickler-Gemeinde wieder. In einer Umfrage gaben Entwickler an, dass sie im Vergleich zum Basis-Verdienst mit einer Symbian-App, das 3,3-fache mehr mit einer iOS-App verdienen würden. Für Android-Apps wurde dieser Multiplikator auf lediglich 1,7 beziffert. Auch ist das Maß der Zufriedenheit der iOS-Entwickler in Bezug auf ihre Einkünfte, sehr viel größer als bei den Windows Phone und Android-Entwicklern. Insgesamt lässt sich dem Tätigkeitsfeld der eigenständigen App-Entwicklung und -Vermarktung aber ein nur unzureichendes Zeugnis ausstellen, da rund ein Drittel aller Entwickler weniger als 1.000 US-Dollar je App verdienen. Demgegenüber stehen jedoch potentielle Millionen-Erträge sofern es Apps schaffen, Spitzenpositionen in der Shop-Platzierung zu erreichen.

Maßgeblich für den Erfolg einer App ist auch immer die Idee, die hinter ihr steckt. Inspirationen für innovative Ideen finden sich insbesondere in den zukunftsträchtigen Entwicklungsfeldern der App-Entwicklung, wie den *location based services, augmented reality apps* oder den Möglichkeiten der *near field communication.*

Die Zukunft des App-Marktes ist durchweg positiv zu sehen, auch wenn er nicht den von vielen Entwicklern erhofften, reichlichen und leicht zu erntenden Geldsegen gebracht hat. Mit Spannung erwartet werden die Auswirkungen von technologischen Fortschritten, wie sie etwa mit der Umsetzung des LTE-Netzes, höherer Akkuleistung, leistungsfähigerer Hardware oder der Einführung von HTML5 einhergehen. Besonders die Weiterentwicklung der Webtechnologie wird den Kampf der Plattformen schon bald in ein neues Licht rücken, da die Möglichkeiten, um native Apps durch Web-Apps vollständig und plattformübergreifend zu substituieren immer besser werden. Ob nun auf diese oder jene Art, die mobile Entwicklung bleibt ein vielseitiges und zukunftsträchtiges Betätigungsfeld für den Anwendungsentwickler.

Literaturverzeichnis

Literaturverzeichnis

Sharma, Chetan, 2010: [Sizing up the global apps market], Issaquah (US): Chetan Sharma Consulting, 2010

Meeker, Mary u.a., 2009: [The Mobile Internet Report, Morgan Stanley], New York (US): Morgan Stanley, 2009

o.V., 2011: [The Mobile Movement] Understanding Smartphone Users, Mountain View (US): Google Inc., 2011

Koller, Dirk, 2011: [iPhone-Apps entwickeln] Applikationen für iPhone, iPad und iPod Touch programmieren, 2. aktualisierte Auflage, Poing (DE): Franzis Verlag GmbH, 2011

o.V., 2009: [apps get real] Perspectives on the Phenomenon, Chicago (US): gravitytank, 2009

Buschow, Sabrina / Olavarria, Marco, 2010: [Mobile Research Guide 2010], Frankfurt (DE): Kirchner+Robrecht management consultants, 2010

Pleumann, Jörg, 2009: [The Android Runtime Environment] A quick, guided tour through the VM and the Core Libraries, Winterthur (CH): Noser Engineering AG, 2009

Carlo, Nicola, 2009: [Einblick in die Dalvik Virtual Machine], IMVS Fokus Report 2009, Brugg-Windisch (CH): Fachhochschule Nordwestschweiz, 2009

Becker, Arno / Pant, Marcus, 2010: [Android 2] Grundlagen und Programmierung, 2. erweiterte und aktualisierte Auflage, Heidelberg (DE): dpunkt.Verlag, 2010

Hashimi, Sayed, 2011: [Pro Android 3], New York (US): Apress, 2011

Gamma, Erich, u.a., 2001: [Entwurfsmuster], Elemente wiederverwendbarer objektorientierter Software, 2. Aufl., Boston (US): Addison-Wesley, 2001

Nowak, Peter, u.a., 2011: [Entwickeln für Windows Phone 7], Architektur, Framework, APIs, Köln (DE): O'Reilly Verlag, 2011

o.V., 2011: [Android Market Insights], Berlin (DE): research2guidance, 2011

Parton, James, u.a., 2011: [Developer Economics] 2011, How developers and brands are making money in the mobile app economy, London (UK): VisionMobile Ltd., 2011

Born, Achim, 2011: [Teilhabe, Verdienen mit App-Entwicklung, iX 01/11], Hannover (DE): iX, 2011

Völkl, Gerhard, 2011: [Mäuse ohne Fenster, iX 01/11], App Entwicklung, Apple iPhone vs. Microsoft Windows Phone 7, Hannover (DE): iX, 2011

Grundström, Peter, 2010: [Mobile Development for iPhone and Android], Stockholm (SE): Royal Institute of Technology, 2010

Quellen im Internet

o.V.,2011: Duden online: App, Mannheim (DE): Dudenverlag, 2011, Internet http://www.duden.de/rechtschreibung/App, Abruf 2011-05-20

o.V.,2011: Wiktionary: App, San Francisco (US): Wikimedia Foundation Inc., 2011, Internet http://de.wiktionary.org/wiki/App, Stand 2011-04-11, Abruf 2011-05-20

o.V.,2011: PCMag: App, Chicago (US): Ziff Davis Inc., 2011, Internet http://www.pcmag.com/encyclopedia_term/0,2542,t=app&i=37865,00.asp, Abruf 2011-05-20

o.V.,2011: Oxford Dictionaries: feature phone, Oxford (UK): Oxford University Press, 2011, Internet http://oxforddictionaries.com/definition/feature+phone, Abruf 2011-05-20

Pettey, Christy, 2011: Gartner Market Share Analysis: Mobile Devices, Worldwide, 1Q11, Stamford (US): Gartner Inc., 2011, Internet http://www.gartner.com/it/page.jsp?id=1689814, Stand 2011-05-19, Abruf 2011-06-02

Pettey, Christy, 2011: Gartner Market Share: Mobile Communication Devices by Region and Country, 2Q11, Stamford (US): Gartner Inc., 2011, Internet http://www.gartner.com/it/page.jsp?id=1689814, Stand 2011-08-11, Abruf 2011-08-20

Pettey, Christy, 2011: Gartner Gartner Forecast: Mobile Communications Devices by Open Operating System, Worldwide, 2008-2015, Stamford (US): Gartner Inc., 2011, Internet http://www.gartner.com/it/page.jsp?id=1622614, Stand 2011-04-07, Abruf 2011-06-02

Elgin, Ben, 2005: Google Buys Android for Its Mobile Arsenal, New York (US): Bloomberg L.P., 2005, Internet http://www.businessweek.com/technology/content/aug2005/tc20050817_0949_tc024.htm, Stand 2005-08-17, Abruf 2011-06-02

o.V., 2011: Nokia and Microsoft Announce Plans for a Broad Strategic Partnership to Build a New Global Mobile Ecosystem, Redmont (US): Microsoft Corporation, 2011, Internet http://www.microsoft.com/presspass/press/2011/feb11/02-11partnership.mspx, Stand 2011-02-11, Abruf 2011-06-02

Myselewski, Rik, 2009: iPhone App Store breezes past 500 million downloads, London (UK): The Register, 2009, Internet http://www.theregister.co.uk/2009/01/16/half_billion_iphone_apps/, Stand 2009-01-16, Abruf 2011-06-02

Segan, Sascha, 2011: Nokia, Microsoft Detail Windows Phone Partnership, Chicago (US): Ziff Davis Inc., 2011, Internet http://www.pcmag.com/article2/0,2817,2380111,00.asp, Stand 2011-02-11, Abruf 2011-06-02

o.V., 2011: Blackberrys? Mega-out!, Hamburg (DE): Spiegel Online GmbH, 2011, Internet http://www.spiegel.de/wirtschaft/unternehmen/0,1518,759634,00.html, Stand 2011-04-29, Abruf 2011-06-02

Albrecht, Georg / Kuderna, Martin, 2011: Über 15 Milliarden Apps aus dem App Store von Apple heruntergeladen, Cupertino (US): Apple Inc., 2011, Internet http://www.apple.com/de/pr/library/2011/07/07Apples-App-Store-Downloads-Top-15-Billion.html, Stand 2011-07-07, Abruf 2011-08-05

o.V., 2011: AndroLib Statistik, Argenteuil (FR): AndroLib, 2011, Internet http://www.androlib.com/appstats.aspx, Stand 2011-07-25, Abruf 2011-07-25

o.V., 2011: Number of available Android applications, Kulmbach (DE): AppBrain, 2011, Internet http://www.appbrain.com/stats/number-of-android-apps, Stand 2011-08-10, Abruf 2011-08-10

o.V., 2010: Native Apps vs. Web Apps, Berlin (DE): HTW Berlin, 2010, Internet http://mediawiki.htw-berlin.de/wiki/Native_Apps_vs._Web_Apps, Stand 2010-07-27, Abruf 2011-06-02

Becker, Arno, 2011: Die Architektur von Android, Hannover (DE): heise mobil, 2011, Internet http://www.heise.de/mobil/artikel/Innenansichten-eines-Smartphone-Betriebssystems-1203743.html, Stand 2011-03-11, Abruf 2011-06-15

McDermott, Peter, 2008: Porting Android to a new device, , Chicago (US): Ziff Davis Inc., 2008, Internet http://www.linuxfordevices.com/c/a/Linux-For-Devices-Articles/Porting-Android-to-a-new-device/, Stand 2008-12-04, Abruf 2011-06-15

o.V., 2011: Android Developer, NDK, Mountain View (US): Google Inc., 2011, Internet http://developer.android.com/sdk/ndk/overview.html, Stand 2011, Abruf 2011-06-22

o.V., 2011: Android Developer, Mountain View (US): Google Inc., 2011, Internet http://developer.android.com/, Stand 2011-07-27, Abruf 2011-07-28

o.V., 2011: Android Developer, Dev Guide: Services #Lifecycle, Mountain View (US): Google Inc., 2011, Internet http://developer.android.com/guide/topics/fundamentals/services.html#Lifecycle, Stand 2011-07-27, Abruf 2011-07-28

o.V., 2011: Android Developer, Dev Guide: Bound Services #Binder, Mountain View (US): Google Inc., 2011, Internet http://developer.android.com/guide/topics/fundamentals/bound-services.html#Binder, Stand 2011-07-27, Abruf 2011-07-28

o.V., 2011: iOS Developer, Cupertino (US): Apple Inc., 2011, Internet http://developer.apple.com/, Stand 2011-07-10, Abruf 2011-07-10

o.V., 2010: iOS Developer, Cocoa Design Patterns, Cupertino (US): Apple Inc., 2010, Internet http://developer.apple.com/library/ios/#documentation/Cocoa/Conceptual/CocoaFundamentals/CocoaDesignPatterns/CocoaDesignPatterns.html, Stand 2010-12-13, Abruf 2011-07-10 o.V., 2011: Android to WP7-Chapter 1: Introducing Windows Phone 7 Platform to Android Application Developers, Redmond (US): Microsoft Corporation, 2011, Internet http://windowsphone.interoperabilitybridges.com/articles/android-to-wp7-chapter-1-introducing-windows-phone-7-platform-to-android-application-developers, Stand 2011-06-03, Abruf 2011-08-05

o.V., 2011: Windows Phone Developer, Redmond (US): Microsoft Corporation, 2011, Internet http://msdn.microsoft.com/en-us/library/ff402535(v=vs.92).aspx?ppud=4, Stand 2011-08-19, Abruf 2011-08-19

o.V., 2011: Windows Phone Developer, What's New in the Windows Phone SDK, Redmond (US): Microsoft Corporation, 2011, Internet http://msdn.microsoft.com/en-us/library/ff637516(v=VS.92).aspx, Stand 2011-08-19, Abruf 2011-08-19

o.V., 2011: Windows Phone Developer, How to: Create and Use a TCP Socket Client Application for Windows Phone, Redmond (US): Microsoft Corporation, 2011, Internet http://msdn.microsoft.com/en-us/library/hh202858(v=VS.92).aspx, Stand 2011-08-19, Abruf 2011-08-19

Mikalajunaite, Egle, 2011: The first 3 years benchmark: The smartphone app market outperforms other booming markets, Berlin (DE): research2guidance, 2011, Internet http://www.research2guidance.com/the-first-3-years-benchmark-the-smartphone-app-market-outperformes-other-booming-markets/, Stand 2011-03-07, Abruf 2011-08-15

o.V., 2011: Website des Apple App Store, Cupertino (US): Apple Inc., 2011, Internet http://www.apple.com/de/iphone/apps-for-iphone/, Stand 2011, Abruf 2011-08-10

Ellison, Scott / Shirer, Michael, 2011: IDC Forecasts Nearly 183 Billion Annual Mobile App Downloads by 2015: Monetization Challenges Driving Business Model Evolution, Framingham (US): IDC Corporate USA, 2011, Internet http://www.idc.com/getdoc.jsp?containerId=prUS22917111, Stand 2011-06-28, Abruf 2011-08-10

o.V., 2011: App stores' direct revenue to exceed $14 billion next year and reach close to $37 billion by 2015, Reading (UK): Canalys, 2011, Internet http://www.canalys.com/newsroom/app-stores-direct-revenue-exceed-14-billion-next-year-and-reach-close-37-billion-2015, Stand 2011-06-27, Abruf 2011-08-11

Lowensohn, Josh, 2011: Windows Phone 7 sales top 2 million, San Francisco (US): cnet, 2011, Internet http://news.cnet.com/8301-10805_3-20029652-75.html, Stand 2011-01-26, Abruf 2011-08-09

Ballmer, Steve, 2011: Steve Ballmer über Absatzzahlen von Windows Phone 7, Würzburg (D): Krümpel & Weppert GbR, 2011, Internet http://www.meproxsoft.de/steve-ballmer-uber-absatzzahlen-von-windows-phone-7/, Stand 2011-07-12, Abruf 2011-08-05

o.V., 2011 Android takes almost 50% share of worldwide smart phone market, Reading (UK): Canalys, 2011, Internet http://www.canalys.com/newsroom/android-takes-almost-50-share-worldwide-smart-phone-market, Stand 2011-08-01, Abruf 2011-08-11

Restivo, Kevin / Llamas, Ramon T/ Shirer, Michael; 2011: Worldwide Smartphone Market Expected to Grow 55% in 2011 and Approach Shipments of One Billion in 2015, According to IDC, Framingham (US): IDC Corporate USA, 2011, Internet http://www.idc.com/ getdoc.jsp?containerId=prUS22871611, Stand 2011-06-09, Abruf 2011-08-05

Pettey, Christy / Goasduff, Laurence, 2011: Gartner Says Worldwide Mobile Application Store Revenue Forecast to Surpass $15 Billion in 2011, Egham (UK): Gartner, Inc., 2011, Internet http://www.gartner.com/it/page.jsp?id=1529214, Stand 2011-01-26, Abruf 2011-08-05

o.V., 2011: Apple, Android, Ovi & Co: Die größten App Stores im Vergleich, München (DE): CHIP Xonio Online GmbH, 2011, Internet http://www.chip.de/bildergalerie/Apple-Android-Ovi-Co-Die-groessten-App-Stores-im-Vergleich-Galerie_49100073.html?show=4, Stand 2011, Abruf 2011-08-04

von Aspern, Peter, 2011: Zahlungsbereitschaft für Apps sinkt, Berlin (DE): STRATO AG, 2011, Internet http://www.mobile-netz.de/2011/01/zahlungsbereitschaft-apps/, Stand 2011-01-24, Abruf 2011-08-05

o.V., 2011: Mobile Effects 2011: TOMORROW FOCUS Media veröffentlicht zweiteilige Studie zur mobilen Internetnutzung, München (DE): TOMORROW FOCUS AG, 2011, Internet http://www.tomorrow-focus.de/newsroom/dokumenten-datenbank/pressemitteilung/studie-mobile-effects-2011-tomorrow-focus-media-veroeffentlicht-zweiteilige-studie-zur-mobilen-internetnutzung_aid_553.html, Stand 2011, Abruf 2011-08-01

Spriensma, Gert Jan, 2011: Monetization And Analytics In Appstores, Utrecht (NL): Distimo, 2011, Internet http://www.distimo.com/blog/2011_08_our-appsterdam-presentation/, Stand 2011-08-18, Abruf 2011-08-20

Kent, Jack, 2011: Revenue for Major Mobile App Stores to Rise 77.7 Percent in 2011, El Segundo (US): Suppli Corporation, 2011, Internet http://www.isuppli.com/media-research/news/pages/revenue-for-major-mobile-app-stores-to-rise-77-7-percent-in-2011.aspx, Stand 2011-05-03, Abruf 2011-08-05

Ashdown, Daniel, 2011: Press Release: Mobile Games Revenues to Surpass $11 billion Globally by 2015 as In-Game Purchases Overtake those of Pay-per-Download, says Juniper Research, Hampshire (UK): Juniper Research Ltd, 2011, Internet http://www.juniperresearch.com/viewpressrelease.php?id=273&pr=217 Stand 2010-11-30, Abruf 2011-08-10

Pettey, Christy/ Goasduff, Laurence, 2011: Gartner Identifies 10 Consumer Mobile Applications to Watch in 2012, STAMFORD (US): Gartner Inc., 2011, Internet http://www.gartner.com/it/page.jsp?id=1544815, Stand 2011-02-10, Abruf 2011-09-05

Müller, Martin, 2009: Apple entfernte Nachrichten-App aus Online-Shop, Hamburg (DE): Spiegel Online, 2009, Internet http://www.spiegel.de/netzwelt/gadgets/ 0,1518,663123,00.html, Stand 2009-11-25, Abruf 2011-08-20

Gruber, Sebastian, 2011: Windows Phone 7: Fast 30.000 Apps veröffentlicht, Berlin (DE): WinFuture.de, 2011, Internet http://winfuture.de/news,65135.html, Stand 2011-08-24, Abruf 2011-08-05